Fanny Zanotti

FANNYS PATISSERIE

/

150 g Kneten
100 g Dekorieren
120 g Rühren
100 g Trinken
2 TL Plaudern
1 große Prise Lachen
1 Prise fein gemahlener Genuss

ORIGINAL FRANZÖSISCHE REZEPTE

Aus dem Englischen von Susanne Müller

KNESEBECK

INHALT

WANN GENAU ALLES BEGONNEN HAT, kann ich heute nicht sicher sagen. Es war vielleicht an einem frühen Morgen eines langen Pariser Sommertages, als die Sterne meine Träume zurückzuwerfen schienen.

Ich öffnete die Tür zur leeren Pâtisserie und stieg die Stufen hinunter an den Ort, der eine Art Zuhause für mich werden sollte. Ein Ort, an dem Schürzen und Küchentücher ständige Begleiter sind. Ein Ort, an dem außer *„chaud!"* – Achtung, heiß! – kaum ein Wort fällt und wo den ganzen Tag gebacken wird. Und die ganze Nacht.

Schon bei diesen ersten Schritten wusste ich: Hier gehörte ich hin. Ich wollte nie wieder weg. Und wie es so ist mit unendlichen Geschichten: Ich habe die Konditorei nie mehr verlassen. Eine Pâtisserie nach der anderen wuchs mir ans Herz, und ich wurde erwachsen. Als Mädchen, als Frau – und als Konditorin.

Wie hinter den Pfützen nach einem Sommergewitter liegt auch hinter den Edelstahlflächen, die wir ständig polieren, eine verborgene Welt.

Es ist ein Ort, an dem die kleinen Dinge zählen. Die großen natürlich auch – ein Kuss, von dem Sie der besten Freundin unbedingt erzählen müssen. Ein Strand, den Sie nie – niemals – vergessen werden. Eine Fahrt übers Land, bei der der Nebel bis zum Horizont ging.

Es geht um Unvollkommenheit. Und Glitter an den Fingernägeln.

Es geht um Liebesgeschichten, Backen um zwei Uhr morgens oder am Nachmittag. Verlassenwerden und Traurigkeit. Irgendwann kommt dann der Schokokuchen. Und das Mehl im Haar.

Denn das ist es, was wir tun.

Ich bin in Frankreich aufgewachsen, und so abgedroschen das auch klingen mag, ich lernte das Backen von meiner *grand-mère*, ihrer Mutter *mémé* und meiner Mutter. Zum Frühstück gab es knusprig getoastetes Baguette mit Butter vom Nachbarn und Erdbeerkonfitüre, die mein Großvater jeden Sommer einkochte, wenn an den Beerensträuchern mehr Beeren als Blätter waren. Und beim Frühstück sprachen wir darüber, was wir an diesem Tag backen würden.

Mit dem Fahrrad ging es in die Stadt – über eine Straße, die eher ein Pfad war, die Bäume wie scharf geschnittene Silhouetten, am Himmel Wolken in Wellenform oder Wellen, die Wolken waren. Und mit einem Korb voll frischer Früchte zurück nach Hause, wo in der Speisekammer Mehl, Zucker und Eier im Überfluss warteten.

Die Tür zur Speisekammer war die Tür zum Paradies. Ich konnte Stunden dort verbringen und all die Dinge betrachten, die säuberlich aufgereiht in den Regalen standen. Töpfe, Pfannen, eine Menge Kuchenformen. Und mehr Einmachgläser, als ich zählen konnte.

Und all die Küchentücher. Die meisten rot und blau. Auch weiße gab es, aber nur für das Geschirr. Ich habe es meiner *grand-mère* gegenüber nie zugegeben, aber jedes Jahr, wenn ich Koffer packte und zurück in die Stadt fuhr, nahm ich heimlich ein oder zwei mit. Ich muss nicht erwähnen, dass ich sie immer noch habe – gut zwanzig Jahre später. Nicht gerade neu, aber durch nichts ersetzbar. Nicht bloß ein Stück Stoff, sondern der Stoff, aus dem meine Träume sind.

Ich schweife ab. Aber das ist auch in Ordnung. Denn damals in dieser Küche sind wir sicher auch abgeschweift.

Und ohne dass wir es merkten, verschwamm die Grenze zwischen Backen und Leben.

Seither achte ich tunlichst darauf, dass sie verschwimmt.

ZUTATEN

Es ist etwas Wunderbares, unbekannte Dinge zu entdecken und auszuprobieren – aber darum geht es hier nicht. Die meisten Zutaten, die ich hier verwende, sind leicht erhältlich oder ohnehin Dauergast im Küchenschrank. Und man hat Gewohnheiten: Genau so, wie ich im Kühlschrank gerne Ordnung habe, mag ich es auch bei den Backzutaten. Das heißt nicht, dass man nichts ersetzen könnte. Manchmal klappt es, manchmal nicht, aber hey, so entstehen Rezepte nun mal. Also lassen Sie Ihrer Kreativität freien Lauf ... wenn Ihnen danach ist.

SAHNE

Ich liebe französische Sahne. Mit ihrem Fettgehalt von 35 % ist sie vielseitig einsetzbar: Mousse, Crème Chantilly, Puddings, Karamell ...

Als ich nach London zog, hatte ich deshalb das Gefühl, die Liebe meines Lebens zu verlassen. Glücklicherweise hat sich die englische „whipping cream" als guter Ersatz erwiesen. Sie enthält etwas mehr Fett, hat aber in all meinen Rezepten funktioniert.

Crème double kann ich dagegen nicht empfehlen, außer sie ist im Rezept extra angegeben. Mit etwa 50 % Fett ist sie einfach zu schwer.

BUTTER

Wenn nicht anders angegeben, ist die Butter ungesalzen. Ich verwende am liebsten französische Butter – denn wie heißt es so schön auf Französisch: *„Chassez le naturel, il reviendra au galop!"* (etwa: „Niemand kann aus seiner Haut heraus!")

Allerdings nicht nur weil sie französisch ist, sondern weil sie ein wenig weicher als andere Butter ist. Trotzdem: Wichtig ist, dass die Qualität stimmt – dann bringt jede Butter ausgezeichnete Ergebnisse.

SCHOKOLADE

Meist gebe ich in meinen Rezepten den Kakaogehalt der Schokolade an: bei Bitterschokolade häufig 70 %, bei Milchschokolade bin ich persönlich süchtig nach 40%iger Jivara von Valrhona. Aber das hier ist kein Buch über Schokoladenkonfekt, daher sind dies nur Empfehlungen. Bei den meisten Rezepten macht es keinen großen Unterschied.

EIER

Eier können, je nach Größe, zwischen 40 und 70 g wiegen. Das kann für die meisten Rezepte einen großen Unterschied ausmachen. Im Restaurant wiege ich Eier ab, für die Hobby-Pâtisserie zu Hause bin ich für den unkomplizierten Weg: Am besten Eier der Größe M (etwa 50 g pro Stück) verwenden, das bringt die besten Ergebnisse!

SALZ

Noch lieber als das französische Fleur de Sel mag ich ja die großen, dünnen Meersalz-Flocken von Maldon.

Ich mag sie, weil sie so knusprig sind und sich die Flocken im Teig kaum auflösen. Das sorgt für herrliche salzige Nester in Cookies und Shortbreads. Wenn Sie normales Tafelsalz verwenden, genügt die halbe Menge für ein ausgewogenes Aroma.

VANILLE

Ich nehme am liebsten frische Schoten – wegen des Geschmacks und weil ich immer einen Riesenvorrat davon im Kühlschrank habe.

Ich persönlich habe eine Vorliebe für Madagaskar- und Tahiti-Vanille. Sie schmecken sehr unterschiedlich. Die Bourbon-Vanille aus Madagaskar ist der Inbegriff des Vanillegeschmacks aus meiner Kindheit. Tahiti-Vanille hat dagegen eine sehr markante blumige Note. Für mein perfektes Vanillearoma mische ich am liebsten beide. Sie können eine Schote auch durch einen Teelöffel Vanilleextrakt ersetzen. Oder nehmen Sie einen Teelöffel Vanillepaste. Ich spüle übrigens verwendete Schoten einfach mit Wasser ab, trockne sie und bewahre sie auf – damit lässt sich prima Vanillezucker herstellen.

SELBSTGEMACHTE EISCREME

Milchpulver ist inzwischen recht leicht im Supermarkt erhältlich. Glukosepulver ist da etwas komplizierter. Es ist ein sehr feines Zuckerpulver mit etwas weniger Süßkraft als der übliche (feine) Kristallzucker. Glukosepulver erhöht die Trockenmasse in der Eiscreme, ohne dem fertigen Produkt Süße zu nehmen. Ich verwende am liebsten die Marke Louis François – das sind praktische, altmodische rot-weiße Kilodosen. Bei den Stabilisatoren gibt es zwei Arten: den für Eiscreme und den für Sorbets. Sie sind nicht unbedingt notwendig, aber ziemlich hilfreich, wenn man eine schön cremige Konsistenz haben will. Sowohl Glukosepulver als auch Stabilisatoren sind im Fachhandel und im Internet erhältlich.

ZUBEHÖR

Ich bin ja sehr für Minimalismus. Und das nicht nur, weil meine Küche ungefähr so groß wie ein Schuhkarton ist. Als Chefkonditorin habe ich im Laufe der Jahre so manches Küchenutensil angesammelt, aber ich erinnere mich noch gut, wie ich meinen Vater bat, als Form für die Bûche de Noël ein altes Rohr zu halbieren. Und ich kann es nur empfehlen! Kein Nudelholz zur Hand? Eine leere Weinflasche tut's auch! Manches gehört allerdings zur Grundausstattung – das habe ich hier aufgelistet.

RÜHRSCHÜSSELN (MÖGLICHST ZAHLREICH)

Zwei Dinge sind im Konditoreiwesen besonders aufwendig: das Abwiegen der Zutaten (ich kann nur empfehlen, alles vorab abzuwiegen und dann erst loszulegen) und Geschirrabwaschen (da ist es am besten, zum Schluss alles auf einmal abzuwaschen, wenn das Chaos perfekt und die Küche nicht mehr als solche erkennbar ist).

Ein großer Vorrat an hitzebeständigen (Glas-)Schüsseln in verschiedenen Größen erleichtert beides ungemein! Denn genug Schüsseln zu haben heißt auch, während des Backens nicht abwaschen zu müssen.

KLEINE KÜCHENGERÄTE

Edelstahl-Schneebesen, Kochlöffel aus Holz, ein gutes Nudelholz, runde Ausstechformen, eine feine Reibe, ein paar Gummi-Teigschaber (im Küchenjargon als „Maryse" bekannt) und Palette-Messer in verschiedenen Größen – und Sie können loslegen.

Wenn Sie sich für Silikon-Backformen entscheiden, achten Sie auf gute Qualität aus dem Fachgeschäft – sie halten länger, brechen nicht und geben kein „Plastikaroma" an die Backwaren ab.

KUCHEN- / TARTEFORMEN

Wenn es um herkömmliche Backformen geht, bevorzuge ich hitzebeständige Glasformen, weil man hier am besten prüfen kann, ob ein Kuchenboden gar ist. Antihaftbeschichtete Formen sind auch prima.

Wenn Sie für ein Rezept nicht die passende Form haben, kein Problem. Nehmen Sie die nächstkleinere Größe und füllen Sie die Form nicht zu voll. Zwei Drittel hoch zu füllen funktioniert erfahrungsgemäß am besten!

In diesem Buch verwende ich auch ein paar Spezialformen, aber sie sind alle leicht erhältlich: etwa Baba- oder Madeleine-Formen …

DESSERTRINGE

Was täte ich ohne sie? Ich glaube, ich besitze inzwischen mehr Dessertringe als Schuhe.

Dessertringe oder runde Ausstecher gibt es in verschiedenen Höhen. Für Tartes sind 2 cm Höhe günstig, für Schichtkuchen am besten 4–6 cm. Manchmal verwende ich sie auch zum Kuchenbacken, weil man mit ihnen die schönsten, präzisesten Ränder erhält.

Für dieses Buch habe ich sie nur begrenzt verwendet, denn sie sind recht teuer.

Sie benötigen Ringe mit folgendem Durchmesser: 20 cm für Desserts wie den Fraisier (Seite 94); 22 cm für Schokokuchen mit dreierlei Schokomousse (Seite 102) oder die Charlotte „Pfirsich Melba" (Seite 144); 24 cm für die Zitronenbaiser-Tarte (Seite 98) und vier 6-cm-Ringe für die Coulants au Chocolat (Seite 36).

Auch hier gilt: Die passende Größe ist gut, aber nicht nötig. Meine Großmutter würde sagen: „Keine Lösung heißt, es gibt kein Problem."

BACKTHERMOMETER

Für Karamellspeisen, Mousse oder Sirup. Ich nehme am liebsten die altmodischen, aber digitale Thermometer sind leichter zu verstauen.

FLAMBIERBRENNER

Ob zum Karamellisieren von Crème brûlée (Seite 62) oder zum Stürzen gefrorener Kuchen: Ein kleiner Flambierbrenner ist für mich unverzichtbar. Übrigens tut's auch Papas Bunsenbrenner. Ja, genau der, den er in seiner Werkstatt verwendet. Habe ich natürlich nie gemacht … Sicher.

KÜCHENWAAGE

Sie ist ein absolutes Muss für die Küche, ob zu Hause oder in der Gastronomie. Ich habe zwar erwähnt, dass es in diesem Buch nicht um Perfektion und Pinzette geht, aber Pâtisserie ohne Präzision endet im Chaos!

Deshalb arbeite ich hier bei allen Rezepten mit Grammangaben, auch bei Flüssigkeiten. Wo ungefähre Angaben genügen, habe ich vereinfacht und in Teelöffeln (5 ml) und Esslöffeln (15 ml) gerechnet.

Aber zurück zum Thema Küchenwaagen: Ich kann Ihnen versichern, wenn man einmal angefangen hat, alles abzuwiegen, ist das unheimlich angenehm. Danke sagen können Sie später – kaufen Sie zuerst eine digitale Küchenwaage. Ich habe meine für 5 Euro bekommen, und sie begleitet mich seit Jahren.

BACKMATTEN (Z.B. AUS SILIKON)

Meist können sie problemlos durch Backpapier ersetzt werden. Trotzdem sind sie die beste Lösung für Keks- und Shortbreadteig, weil sie die Hitze gleichmäßiger transportieren – viel besser als Backpapier.

MIXER

Es muss keine Küchenmaschine sein – aber ich denke, sie wird Ihr Leben verändern! Die Flachrührer oder Rührbesen sind prima für Keks- und Kuchenteige; der Knethaken für Brioche und andere süße Teige und der Schneebesen zum Schlagen von Sahne und Eiweiß.

Ein elektrisches Handrührgerät zum Schneeschlagen und Teigrühren leistet auch gute Dienste, und ein Pürierstab ist perfekt zum Vermischen von Flüssigkeit und Öl (Emulgieren) und natürlich zum Pürieren.

ACETATFOLIE (TORTENRANDFOLIE)

Diese dünne, feste Kunststofffolie dient zum Auslegen von Formen oder als Unterlage für Füllungen oder Buttercreme. Ich verwende sie ständig für Schichtkuchen, aber ich weiß, sie ist schwer zu bekommen und relativ teuer – wenn man nicht gerade drei Laufmeter täglich braucht.

Für die Rezepte in diesem Buch genügt auch Backpapier. Es schlägt manchmal Wellen, wenn es feucht wird, aber es funktioniert ganz gut. Oder Sie machen Do-it-yourself-Folie aus sechs Lagen Frischhaltefolie, die Sie gut glatt streichen, damit keine Luftblasen bleiben. Einfach mit einem scharfen Messer in Streifen schneiden.

BACKOFEN

Ich war immer wieder überrascht über den Einfluss unterschiedlicher Öfen auf das Gebäck. So habe ich Macarons – je nach Ofen – schon bei 145 °C, aber auch bei 180 °C gebacken.

Die Rezepte in diesem Buch habe ich alle in meiner eigenen Küche im Umluftherd getestet. Wer meinem Ofen kennt, würde mir hier applaudieren. Ich kann allerdings nicht abschätzen, wie Ihr Backofen zu Hause arbeitet. Deshalb empfehle ich unbedingt ein Backofenthermometer. Man bekommt es ganz günstig und es hilft zu erkennen, wie der eigene Ofen arbeitet.

Wenn Ihr Ofen keine Umluftfunktion hat, rechnen Sie zur angegebenen Backtemperatur noch 20 °C dazu.

KLASSIKER

1

MADELEINES MIT ZITRONE & HEIDELBEEREN

SELBSTGEMACHTES VANILLEEIS MIT OLIVENÖL

GEWÜRZ-NOUGATINE

ORANGEN-JOGHURT-KÜCHLEIN

GIN-TONIC-BABAS

CRÊPES MIT BEURRE NOISETTE

MEINE LIEBSTE MOUSSE AU CHOCOLAT

(ALLES, WAS EIN MÄDCHEN WISSEN MUSS)

FANNYS PATISSERIE

KAPITEL 1

DAS SIND DIE DINGE, die ich weiß:

Wie es ist, wenn man sich im Marais verliert, wie in einer Illusion. Wo Sonnenuntergänge wie Regenbögen leuchten.

Wenn man den Wellen zusieht – und vor allem zuhört –, wie sie gegen den Sand schlagen. Und dann zusieht, wie sie mit der Ebbe verschwinden und die Sonne sich in den trüben Pfützen bricht, die das Wasser zurücklässt. Der Geschmack von Vanilleeis und Finger mit dem Geruch nach Atlantik. Das winzige Karussell der Sandflöhe, die von einer Sandburg zur nächsten springen. Meine *grand-mère,* wie sie Madeleines bäckt, und Kuchen, und Clafoutis. Und ich sitze auf dem Küchentisch und sehe ihr zu.

Ich lernte während all der Sommer, die ich bei meiner Großmutter verbrachte, zu backen. Am Wochenende verknetete sie Mehl mit Butter, gab Wasser dazu, und während der Woche entstanden daraus Tartes. Aprikosen und Pflaumen, golden und sonnengereift. Und Mittwochs zeigte meine Großmutter mir, wie man Waffeln bäckt. Sie gab Bier in den Teig.

Noch heute klingen ihre Worte für mich wie Musik. Wir sitzen bei einem Frühstück mit *Café au lait* und dicken Scheiben Baguette, gerade so lang geröstet, dass sie lauwarm sind, bestrichen mit gesalzener Butter und Honig, und besprechen, was wir backen könnten. Und zu Mittag knackt sie einige Mandeln (die mit der grünen Schale) mit einem Hammer.

Dann wird der Ofen vorgeheizt, und unter Lachen versuchen wir uns an den Kuchen, von denen wir vorher geträumt haben.

Das ist alles, was ich weiß. Was ich nicht weiß, überlasse ich der Magie und der Welt der Wünsche.

Und meiner *grand-mère.* Sie ist der schönste und netteste Mensch, den ich kenne. Wenn wir gemeinsam backen, dann ist das Magie. Vielleicht liegt es auch ein wenig an ihrem Vorrat an Roséwein, den wir öffnen, sobald es fünf Uhr schlägt.

WIE MADELEINES SCHÖN AUFGEHEN

DAS GEHEIMNIS LIEGT IM HITZESCHOCK: ICH KÜHLE DEN TEIG FÜR MINDESTENS 3 STUNDEN (2 STUNDEN IST AUCH IN ORDNUNG, ICH TU SO, ALS HÄTTE ICH'S NICHT BEMERKT) ODER LÄNGER – BIS ZU 3 TAGE. DEN BACKOFEN HEIZE ICH GUTE 30 MINUTEN AUF 220 °C VOR, UND ERST DANN REDUZIERE ICH AUF 180 °C BACKTEMPERATUR.

MADELEINES MIT ZITRONE & HEIDELBEEREN

PIERRE GAGNAIRE ♡
2 Eier ①
125g Butter - schmelzen
150g Zucker } aufschlagen
100g Honig
200g Mehl ② erst Mehl dazu
1 Tüte Backpulver dann die Butter

=> 2 Std. im Kühlschrank

200° → dann 180°, 7 Min

Ergibt 24 Madeleines

80 g sehr weiche Butter
100 g feiner Kristallzucker
2 Eier
abgeriebene Schale von 2 unbehandelten Zitronen
1 Prise Meersalz
100 g Mehl (Type 550)
½ TL Backpulver (oder Natron)
Ein Körbchen Heidelbeeren

Ein Blech mit Madeleines aus dem Ofen zu nehmen ist wie bei einer Polaroidkamera auf den Auslöser zu drücken: Man wird sofort belohnt.

Der Teig wird – bis zu drei Tage – im Voraus zubereitet, damit die kleinen Küchlein die beliebte dicke Kuppel erhalten. Und bis man sie bäckt, hat man vergessen, dass der Teig doch etwas Aufwand braucht. Allerdings: Was heißt schon Aufwand. Eier und Zucker locker schaumig rühren, dann Mehl unterheben. Das einzig Heikle ist, die Butter unterzumischen, ohne dass die Masse zusammenfällt. Ich habe da einen Trick entwickelt, nachdem der Hilfskoch meines Lebens Madeleines fast in Pfannkuchen verwandelt hätte: Beim Schäumen der Butter kommt ein Esslöffel Zucker hinzu, bis die Masse sehr glatt und locker ist. Sie wird mit einem Teil des Teigs vermischt, erst dann wird der Rest untergehoben. Ganz, ganz vorsichtig.

Die Butter mit 1 Esslöffel Zucker cremig rühren. In einer weiteren Schüssel den restlichen Zucker mit Eiern, abgeriebener Zitronenschale und einer Prise Salz schaumig schlagen.

Mehl und Backpulver nach und nach unter die Eimasse heben.

Ein Drittel der Masse zur Buttermischung geben und gut verrühren, dann die Mischung vorsichtig unter die restliche Eimasse heben.

Die Masse in einen großen Kunststoff-Spritzbeutel füllen und darin mindestens 3 Stunden (oder bis zu 3 Tage) kühl stellen.

Anschließend den Backofen auf 220 °C vorheizen. Eine Madeleine-Form buttern und mit Mehl bestäuben.

Die Spitze des Spritzbeutels abschneiden, so dass ein etwa 8 mm großes Loch entsteht, und damit die Förmchen drei Viertel hoch mit der Masse füllen. Jede Madeleine mit zwei Heidelbeeren belegen. Die Ofentemperatur auf 180 °C reduzieren und die Madeleines 14 Minuten backen, bis die Ränder tief goldbraun sind und die Kuppeln gerade bräunen.

Aus dem Ofen nehmen und einige Minuten in der Form abkühlen lassen, dann herausnehmen und auf einem Kuchengitter ruhen lassen.

SELBSTGEMACHTES VANILLEEIS MIT OLIVENÖL

Ergibt 2 Liter

FÜR DIE EISCREME
850 g Vollmilch
175 g Sahne
80 g Magermilchpulver
3 Schoten Tahiti-Vanille
3 Schoten Madagaskar-(Bourbon-)Vanille
120 g feiner Kristallzucker
80 g Glukosepulver
6 g Stabilisator, z. B. der Marke Louis François

ZUM ANRICHTEN
natives Olivenöl extra
1 Prise Meersalz
Gewürz-Nougatine (Seite 19)

Fast so wie die Erinnerung an Eiscremereste an salzigen Strandfingern ist auch dieses Rezept über die Jahre zu einem meiner Sommerlieblinge geworden.

Es ist mehr eine Idee als ein Rezept und funktioniert auch mit Eis aus dem Supermarkt. Trotzdem empfehle ich dringend, dieses hier einmal zu probieren – so voller Vanille, dass es eher grau ist als gelb.

Für die Eiscreme Milch, Sahne und Milchpulver in einem großen Topf vermengen. Die Vanilleschoten längs halbieren, das Mark herauskratzen und zur Milchmischung geben. Die Schoten grob in 5 mm lange Stücke hacken und ebenfalls hinzugeben.

Die Mischung bei mittlerer Temperatur erwärmen und gelegentlich rühren, bis sie eine Temperatur von 50 °C erreicht hat (mit dem Backthermometer nachmessen). Inzwischen die restlichen Zutaten in einer Schüssel gut verrühren.

Wenn die Milchmischung warm ist, nach und nach unter Rühren die Zuckermischung hinzugeben und sprudelnd kochen lassen.

Vom Herd nehmen und mit dem Pürierstab etwa 3 Minuten aufschäumen.

Die Mischung in eine Plastikschüssel füllen, mit Frischhaltefolie gut verschließen (damit sich keine Haut bildet) und mindestens 5 Stunden (am besten aber über Nacht) kühl stellen.

Die gekühlte Masse durch ein feines Sieb drücken und in der Eismaschine entsprechend der Bedienungsanleitung rühren.

Die fertige Eiscreme in ein Plastikgefäß füllen und mit einem passenden Stück Backpapier bedecken. Vor dem Servieren einige Stunden tiefkühlen.

Zum Anrichten mit einem Löffel Eiskugeln formen und in Schüsseln verteilen. Mit Olivenöl beträufeln und mit etwas Meersalz und gehackter Nougatine servieren.

ZUCKERSIRUP HERSTELLEN

ICH FÜLLE IMMER ZUERST DAS WASSER IN DEN TOPF, DAMIT DER ZUCKER NICHT KLUMPT UND KARAMELLISIERT. GLUKOSE IST IN DEN BACKABTEILUNGEN DER MEISTEN SUPERMÄRKTE ZU FINDEN UND BEWIRKT, DASS DER ZUCKER NICHT KRISTALLISIERT. DER SIRUP IST DANN BESSER ZU VERARBEITEN. FEUCHTEN SIE DIE HÄNDE MIT KALTEM WASSER AN UND NEHMEN SIE DIE GLUKOSE MIT DEN FINGERN AUS DER DOSE. DAS WASSER VERHINDERT, DASS DIE GLUKOSE AN DEN FINGERN KLEBT. GLAUBEN SIE MIR, DAS IST SO!

GEWÜRZ-NOUGATINE

Ergibt 1 kleine Tafel

150 g blanchierte Mandeln
100 g Wasser
120 g feiner Kristallzucker
100 g Glukosesirup
2 TL Meersalz
1 große Prise Cayennepfeffer
1 große Prise geräuchertes Paprikapulver
1 Prise Chilipulver
20 g Butter in Würfeln

Ich liebe Nougatine – so sehr, dass ich als Kind am liebsten die Finger in das heiße Karamell getaucht hätte, wenn meine Urgroßmutter, *mémé*, Nougatine machte. So hat man es mir zumindest erzählt.

Sie röstete die Mandeln, bis sie bräunten und dufteten, dann rührte sie sie unter die goldgelbe Karamellmasse, die durch einen Hauch Butter cremig wurde. Eine große Prise Fleur de Sel durfte natürlich nicht fehlen. Und dann lag die riesige Tafel zum Abkühlen auf dem Tisch, bis sie in Stücke gebrochen wurde.

Nougatine hält übrigens gut – bis zu zwei Wochen in einem luftdicht verschlossenen Behälter. Und machen Sie es nicht wie ich: Seien Sie mit dem heißen Karamell ja vorsichtig!

Den Backofen auf 160 °C vorheizen. Ein Backblech mit Backpapier auslegen, die Mandeln in einer gleichmäßigen Schicht darauf verteilen und im Ofen 15 Minuten goldbraun rösten, bis sie duften. Die Mandeln auf dem Blech gelegentlich schwenken. Dann beiseitestellen und die Karamellmasse zubereiten.

Dazu auf einer glatten Arbeitsfläche zwei Silikonmatten oder zwei große Bögen Backpapier auslegen und ein Nudelholz bereitlegen.

In einem großen Topf Wasser mit Zucker, Glukosesirup und Salz bei hoher Temperatur unter Rühren zum Kochen bringen. Der Sirup kann überkochen, wenn er 100 °C erreicht – je höher der Topf, desto besser.

Die Masse aufkochen, bis sie eine Temperatur von 165 °C erreicht und einen hellen Bernsteinton hat, dann die Gewürze hinzugeben und die Butter Würfel für Würfel unterrühren. Wenn die Butter geschmolzen und mit der Masse gut vermischt ist, die gerösteten Mandeln untermengen, so dass sie gleichmäßig mit Karamellmasse bedeckt sind.

Die Mandel-Karamell-Mischung auf einer der Backmatten verteilen, mit der zweiten Matte bedecken und zum Glätten mit dem Nudelholz darüberrollen. Vollständig abkühlen lassen, dann die obere Matte vorsichtig abheben und die Nougatine mit einem großen, scharfen Messer in kleine Stücke schneiden oder brechen.

ORANGEN-JOGHURT-KÜCHLEIN

Ergibt 8 Küchlein

8 Orangen
200 g Mehl (Type 550)
½ EL Backpulver (oder Natron)
1 Prise Salz
120 g Joghurt
3 Eier
175 g feiner Kristallzucker
abgeriebene Schale von 2 unbehandelten Orangen
60 g Butter, zerlassen
30 g feiner Kristallzucker
für den Orangensirup

Diese Küchlein sind eine Erinnerung an Sonntagvormittage am Strand oder das *goûter,* den Nachmittagssnack, am Mittwoch. Meine Mutter backte sie jede Woche. Manchmal war ich dabei und half ihr. Ich glaube, das Rezept ist nur auf einer alten, ungelenken Filzstift-zeichnung von mir festgehalten.

Damals wogen wir die Zutaten nicht ab, sondern maßen Mehl, Zucker und Butter im leeren Joghurtglas. Der Kuchen kam in eine große Backform.

Sie können es auch so machen: Eine große runde Kuchenform großzügig buttern und mit Backpapier auslegen. Den großen Kuchen einfach bei 180 °C 35–40 Minuten backen. Ich habe allerdings eine Schwäche für diese kleinen, rundlichen Orangen, gefüllt mit diesem luftigen Kuchen, der beinahe im Mund zergeht. Ganz so wie die gefrorenen *Oranges givrées* meiner Großmutter zum Geburtstag.

Den Backofen auf 180 °C vorheizen.

Orangen waschen und trocken tupfen. Jeweils die obere Kappe abschneiden, das Fruchtfleisch freilegen, mit einem Metalllöffel herauslösen und in eine Schüssel füllen. Die ausgehöhlten Orangen mit der Öffnung nach oben in eine Muffinform setzen.

Für die Kuchenmasse alle Zutaten in einer großen Schüssel glatt rühren.

Die Masse auf die vorbereiteten Orangen verteilen, so dass sie etwa zwei Dritteln hoch gefüllt sind, und im Ofen 25–30 Minuten goldbraun backen. Die Küchlein sind gar, wenn bei der Garprobe kein Teig mehr haften bleibt.

Das aufbewahrte Fruchtfleisch durch ein feinmaschiges Sieb in einen Krug streichen und so viel Saft wie möglich auffangen.

Den Saft mit 30 g Zucker in einem kleinen Topf bei mittlerer Temperatur aufkochen und 10–15 Minuten köcheln lassen, bis er auf die Hälfte eingedickt ist. Bis zum Gebrauch beiseitestellen.

Die fertig gebackenen Küchlein kurz abkühlen lassen und noch lauwarm mit etwas heißem Orangensirup übergießen.

FANNYS PATISSERIE

GIN-TONIC-BABAS

Für 4 Personen

FÜR DIE BABAS
250 g Mehl (Type 550)
½ TL Meersalz
20 g Honig
10 g frische Hefe (oder 1 TL Trockenhefe)
5 Eier, verquirlt
70 g weiche Butter

FÜR DIE HIMBEERCONSOMMÉ
500 g frische Himbeeren
50 g feiner Kristallzucker

FÜR DEN HIMBEER-GIN-TONIC-SIRUP
300 g Wasser
500 g feiner Kristallzucker
300 g Himbeerconsommé (siehe oben)
200 g Tonic Water
200 g Gin

FÜR DIE ROSENSAHNE
400 g Schlagsahne
40 g Puderzucker
Mark von 1 Schote Tahiti-Vanille
1 TL Rosenextrakt

Wassermelone und frische Himbeeren zum Anrichten

Im Spaß sage ich oft, dass meine Mutter nur drei perfekte Desserts beherrscht: Vanillepudding-Eislutscher (in der Erinnerung an einen heißen Sommertag mit Hausflohmarkt, ich in neonfarbenen Zehensandalen); gestürzte Ananasküchlein (in meiner Kindheit wurden sie an Geburtstagen immer als Erstes verputzt) und schließlich ihr *Baba au Rhum*. Ihr Rezept ist mir immer gelungen, und auch wenn ich da und dort etwas verändert habe, ich verwende es bis heute im Restaurant und zu Hause.

Mit den Babas beginnen. Dazu in der Küchenmaschine mit dem Flachrührer oder Rührbesen Mehl, Salz, Honig, Hefe und die Hälfte der verquirlten Eier auf niedriger Stufe grob zu einem Teig verrühren. Nach und nach die restlichen Eier hinzugeben und auf mittlerer Stufe untermengen. Die Küchenmaschine auf hohe Stufe stellen und etwa 10 Minuten kneten, bis der Teig zusammenhält und sich von der Schüssel löst. Auf niedriger Stufe weiterrühren und dabei nach und nach die Butter untermischen, bis der Teig geschmeidig ist.

Den Teig in der Schüssel mit Frischhaltefolie bedecken und auf die doppelte Größe aufgehen lassen. Währenddessen den Sirup vorbereiten.

Zuerst für die Consommé Himbeeren und Zucker in eine Schüssel füllen und über simmerndem Wasser bei niedriger Temperatur etwa 1 Stunde köcheln. Dabei gelegentlich rühren. Ein Sieb mit Musselin auslegen und die Consommé durch das Sieb abgießen. Die Himbeeren entfernen und den Saft beiseitestellen.

Meine Mutter servierte ihren Baba als Savarin, als riesigen Ringkuchen, mit so viel Rum getränkt, dass man dachte, es würde einen umhauen, und mit einem großen Berg locker geschlagener Sahne in der Mitte. Und im Sommer rührte sie immer frische Beeren mit Saft unter die Sahne.

Vielleicht kommt es daher, dass ich meine Version (in der traditionellen Zylinderform) gerne mit einem leichten Himbeersirup serviere, mit einer Menge Gin und Tonic darin und rundherum.

Wasser und Zucker in einem großen Topf zum Kochen bringen, so dass sich der Zucker auflöst. Vom Herd nehmen, Himbeerconsommé hinzufügen und alles auf 60 °C erhitzen, dann Tonic und Gin hinzugeben. (Der Sirup lässt sich vorbereiten und später für die Babas wieder erwärmen.)

Nun zurück zu den Babas: 12 Becherförmchen buttern und den Backofen auf 195 °C erhitzen. Den Teig kurz mit einem Kochlöffel aus Holz durchschlagen und in einen Spritzbeutel mit einer großen, glatten Tülle füllen. Etwa 40 g Teig in jede Vertiefung füllen und dann gehen lassen, bis der Teig beinahe den Formrand erreicht hat.

Die Babas 15–20 Minuten backen, bis sie tiefbraun sind und duften. Aus dem Ofen nehmen, leicht abkühlen lassen und aus der Form stürzen. Sie können gleich verzehrt oder auch eingefroren werden.

Den Himbeer-Gin-Tonic-Sirup bei 60 °C verwenden oder vorbereiteten Sirup auf diese Temperatur erwärmen. Die Babas in den heißen Sirup legen und 1 Stunde darin ziehen lassen. Alle 15 Minuten wenden. Dann die Babas mit einem Schaumlöffel herausnehmen und auf einem Kuchengitter über einem Backblech abkühlen lassen. Mit Frischhaltefolie abgedeckt mindestens 30 Minuten oder bis zu 1 Tag kühl stellen. Den Sirup aufbewahren.

Zum Servieren die Rosensahne zubereiten: Dazu die Sahne mit allen Zutaten steif schlagen. In 4 Suppenteller je ein Küchlein stellen, mit frischen Himbeeren und Melonenwürfeln garnieren und großzügig mit kaltem Sirup beträufeln. Mit einem großen Klecks Sahne servieren.

CRÊPES MIT BEURRE NOISETTE

Ergibt 12 Crêpes (à 25 cm)

FÜR DIE BEURRE NOISETTE
100 g Butter in Würfeln

FÜR DIE CRÊPES
500 g Vollmilch
2 Eier
2 Eigelb
Mark von 2 Vanilleschoten
200 g Mehl (Type 550)
70 g Puderzucker
Pflanzenöl zum Backen

Crêpes gibt es bei uns traditionell am Freitagabend. Mein Vater besaß früher eine Crêperie, er hat hier das Sagen. Und er macht die besten pikanten Crêpes, die man sich vorstellen kann.

Zum Dessert übernehme ich und serviere mein Lieblingsrezept. Die Masse ist zart und leicht, mit intensivem Vanillearoma und einer feinen nussigen Note der Beurre Noisette.

Diese Crêpes sind schon pur ein Gedicht, aber natürlich können sie mit jeder beliebigen Füllung ergänzt werden. Zum Warmhalten die fertigen Crêpes am besten auf einem Teller über einem Kochtopf mit köchelndem Wasser stapeln und lose mit Alufolie bedecken.

Zuerst für die Beurre Noisette in einem kleinen Topf bei mittlerer Temperatur Butter zerlassen. Wenn sie flüssig ist, etwa 1–2 Minuten weiter erhitzen, bis sie eine goldbraune Farbe annimmt und leicht nussig riecht. Einige Minuten abkühlen lassen, dann in eine kleine Schüssel abgießen, dabei soll das braune geronnene Eiweiß möglichst im Topf zurückbleiben. Die Nussbutter hält im Kühlschrank bis zu 1 Woche.

Für die Crêpes Milch, Eier, Eigelbe und Vanillemark in einem Krug verrühren. In einer großen Schüssel Mehl und Puderzucker vermischen. Nach und nach unter Rühren die Eiermilch dazugießen, dann 70 g der flüssigen Beurre Noisette hinzugeben. Den dickflüssigen Teig anschließend durch ein feines Sieb streichen, damit keine Klumpen darin bleiben.

Die Schüssel mit einem sauberen Küchentuch abdecken und den Teig bei Zimmertemperatur mindestens 30 Minuten, besser 2 Stunden oder über Nacht im Kühlschrank ruhen lassen.

Zum Backen der Crêpes eine leicht eingeölte, beschichtete Bratpfanne bei hoher Temperatur erwärmen. Für jede Crêpe etwa eine Kelle (ca. 75 ml) Teig in die Pfanne gießen und durch Schwenken gleichmäßig verteilen.

Jede Crêpe auf einer Seite etwa 2 Minuten backen, bis die Ränder bräunen und sich leicht einrollen. Mit einem Pfannenwender lösen, wenden und auf der anderen Seite 1 weitere Minute backen. Noch heiß servieren.

SAHNE PERFEKT SCHLAGEN

1. 10 MINUTEN VOR DER ZUBEREITUNG EINE RÜHRSCHÜSSEL UND DIE QUIRLE IN DAS TIEFKÜHLGERÄT STELLEN. SAHNE WIRD SCHNELLER FEST UND BLEIBT LÄNGER STEIF, WENN SCHÜSSEL UND QUIRLE SO RICHTIG KALT SIND.
2. SAHNE FÜR EINE MOUSSE SOLLTE NUR „ANGESCHLAGEN" WERDEN, SO DASS SIE LEICHTE SPITZEN ZIEHT. DAS SIEHT ZWAR IRGENDWIE UNFERTIG AUS, ABER ICH GARANTIERE IHNEN: DADURCH, DASS DIE SAHNE NUR „ANGESCHLAGEN" WIRD, BLEIBT SIE BESONDERS LUFTIG – UND WENN MAN SIE DANN UNTER DIE MOUSSE HEBT, IST AUCH DIESE LOCKER UND FLUFFIG.
3. SCHLAGSAHNE VORBEREITEN? KEIN PROBLEM – SIE KANN BIS ZU 1 STUNDE VORAB GESCHLAGEN WERDEN. VOR DER WEITERVERARBEITUNG NOCH ETWA 1 MINUTE MIT DEM SCHNEEBESEN AUFSCHLAGEN.
4. CRÈME CHANTILLY IST SAHNE, DIE MIT ZUCKER UND ETWAS VANILLE GLÄNZEND STEIF GESCHLAGEN WIRD. ICH VERWENDE 10 G PUDERZUCKER FÜR 100 G SAHNE.

MEINE LIEBSTE MOUSSE AU CHOCOLAT

Für 4 Personen

75 g Zartbitterschokolade (70 % Kakao)
25 g Milchschokolade (40 % Kakao)
150 g Schlagsahne
25 g feiner Kristallzucker
25 g Wasser
2 Eigelb

Diese Schokomousse ist federleicht und zergeht auf der Zunge wie Zuckerwatte. Oder wie Wolken.

Die Zubereitung der drei Einzelmischungen mag etwas kompliziert klingen, ist aber eine Sache von Minuten.

Die fertig verrührte Mousse wirkt oft noch ein wenig flüssig, aber keine Sorge: Sie setzt sich und wird, wenn sie abkühlt, zu einem Kissen aus Schokolade.

Zartbitter- und Milchschokolade zusammen in einer großen, hitzebeständigen Schüssel über köchelndem Wasser zerlassen. Während die Schokolade schmilzt,die Sahne steif schlagen und kühl stellen (siehe Tipps linke Seite).

Wenn die Schokolade geschmolzen ist, die Herdplatte ausschalten. Die Schokolade über dem erhitzten Wasser warmhalten. Zucker und Wasser in einem kleinen Topf zum Kochen bringen. Währenddessen die Sabayon vorbereiten. Dazu mit dem Handrührgerät oder in der Küchenmaschine die Eigelbe verquirlen. Den kochend heißen Sirup unter ständigem Rühren zu den Eigelben gießen und 3–4 Minuten schaumig schlagen.

Nun ist alles bereit. Die Hälfte der geschlagenen Sahne mit der geschmolzenen Schokolade vermengen, bis die Mischung glatt und glänzend ist. Dann die restliche Sahne unterheben. Wenn die weißen Sahneschlieren aufgelöst sind, die Eimasse hinzugeben und vorsichtig von der Mitte der Schüssel nach außen verrühren. Dabei die Schüssel im Uhrzeigersinn langsam weiterdrehen.

Jetzt sollte die Mousse einen gleichmäßigen Farbton haben. Mit dem Teigschaber noch einige Male umrühren, dann auf 4 kleine Schüsseln oder Martinigläser verteilen und vor dem Servieren mindestens 4 Stunden kühl stellen.

DIE PERFEKTE
PFANNKUCHEN-MISCHUNG

COULANTS
AU CHOCOLAT

DAS BRIOCHE-REZEPT
FÜR JEDE GELEGENHEIT

ROTE-BETE-KUCHEN

EARL-GREY-
WOCHENENDKUCHEN

POCHIERTE BIRNEN
IN KARAMELLCIDRE

DIE BESTEN CHOCOLATE
CHIP COOKIES DER WELT

KLEBRIGER
TOFFEE-KUCHEN

POTS DE CRÈME
MIT GEWÜRZSCHOKOLADE

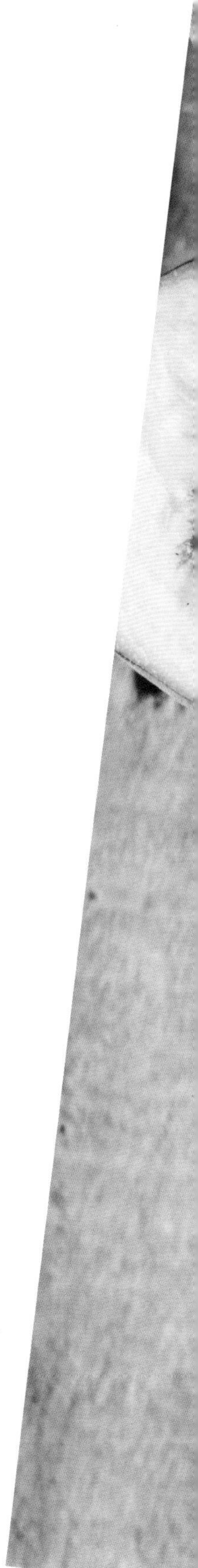

(WIE SCHOKOLADENKUCHEN AN REGENTAGEN)

ICH WEISS NICHT MEHR, wann ich begonnen habe, den Regen zu lieben. Wir gingen in Gummistiefeln zur Bäckerei und sprangen in jede Pfütze, die wir fanden. Wir durchstreiften einen unbekannten Wald, verliefen uns und wurden durchnässt, wir hatten nur einen alten Strohkorb, den wir unterwegs mit Pilzen füllten. Wir verbrachten Stunden beim Leuchtturm, nicht sicher, ob die Nebeltröpfchen auf unseren Gesichtern vom Ozean kamen oder vom Himmel. Lange Autobahnfahrten im vertrauten Rhythmus von Regentropfen, Scheibenwischern und Donnergrollen.

Nachmittags auf dem Hof gab es Brioche und Tee, der nie ausging. Wir molken die Kühe und suchten im Heu nach frischen Eiern wie nach einem Schatz. Die Milch wurde gekocht, bis sie pasteurisiert war, die Eier aufgeschlagen und mit Mehl und Hefe verrührt.

Auch heute noch treibt es mich an Regentagen in die Natur. Meine Haare verheddern sich in den Ästen, der kalte Wind rötet meine Wangen und der Regen tropft von den Bäumen. Dann komme ich völlig durchnässt mit der rastlosen Seele einer Abenteurerin in mein Haus zurück, und es erwartet mich diese einmalige Gemütlichkeit, die nur ein Sturm mit sich bringt. Sie riecht nach Erde und feuchtem Moos, bringt Teekessel zum Pfeifen und lässt mich die Decke noch enger um mich wickeln.

Und wie die Fahrt auf dem Karussell verlaufen Regentage immer gleich, und doch ist jeder einzigartig.

Elderflower
Pressé
Belvoir
fruit farms

DIE PERFEKTE PFANNKUCHEN-MISCHUNG

Ergibt 6 Pfannkuchen

FÜR DIE BASISMISCHUNG
500 g Mehl (Type 550)
100 g feiner Kristallzucker
2 EL Backpulver (oder Natron)
2 TL Meersalz

FÜR 6 PFANNKUCHEN
150 G BASISMISCHUNG VERMENGEN MIT
130 g Vollmilch oder Buttermilch
1 Ei
40 g Butter, zerlassen

ZUM ANRICHTEN
Füllungen nach Belieben –
Ahornsirup, Honig, Butter, Konfitüre …
alles ist möglich!

Ich bewahre diese Pfannkuchenmischung immer in einem alten Einmachglas von Le Parfait auf. Sobald es leer wird, bereite ich die Mischung neu zu, damit der Nachschub für ein herrliches Regentagfrühstück gesichert ist. Wenn Sie genügend Basismischung zur Hand haben, müssen Sie morgens nur noch etwas Milch – oder noch besser Buttermilch –, ein Ei und bisschen zerlassene Butter hinzufügen. Vor einem Teller voll dicker, flaumiger Pfannkuchen werden Sie gar nicht merken, wenn sich dann der Himmel doch noch aufhellt.

Für große Mengen oder wenn Gäste kommen, lässt sich das Rezept leicht verdoppeln oder verdreifachen: 150 g Trockenmischung ergeben 6 Pfannkuchen. Rechnen Sie selbst …

Mehl, Zucker, Backpulver und Salz in einer großen Schüssel verrühren. In einen luftdicht verschließbaren Behälter füllen (mein 1-Liter-Glas von Le Parfait hat da genau die richtige Größe). Die Mischung hält im Küchenschrank mindestens 2 Monate, aber ich bezweifle stark, dass sie so lange reicht. Ein paarmal umrühren, fertig – so werden Sie Pfannkuchen öfter backen als zuvor. Und das kann ich nur empfehlen!

Wann immer Ihnen danach ist, einfach 150 g von der Basismischung in eine Schüssel füllen, Milch, Ei und zerlassene Butter hinzufügen und die Mischung glatt rühren.

Eine beschichtete Pfanne bei mittlerer Temperatur erwärmen und eine Kelle (ca. 75 ml) Teig in die heiße Pfanne gießen. Backen, bis die Unterseite goldbraun ist und an der Oberseite erste Blasen entstehen (das dauert etwa 1–2 MInuten). Mit einer Palette lösen, wenden und noch 1 Minute backen. Dann auf einen Teller gleiten lassen und aus dem restlichen Teig weitere Pfannkuchen backen.

COULANTS AU CHOCOLAT

Für 4 Personen

FÜR DEN GANACHE-KERN
80 g feiner Kristallzucker
160 g Schlagsahne
60 g Glukosesirup
1 große Prise Meersalz
75 g Milchschokolade (40 % Kakao)

FÜR DEN TEIG
90 g Zartbitterschokolade (70 % Kakao), grob gehackt
70 g Butter
2 Eier
70 g feiner Kristallzucker
30 g Mehl (Type 550), gesiebt

Für diese Coulants au Chocolat mit flüssigem Kern habe ich einen Trick – inspiriert von der Methode, die wir in der Restaurantküche anwenden. Einen kleinen Trick nur. Und zwar bereite ich für den Kern immer eine Ganache aus Schokolade und Sahne zu, die ich zu kleinen Kugeln forme und tiefgefroren aufbewahre. Sie halten so bis zu drei Monate.

Wenn Sie die Ganache-Kerne schon vorbereitet haben, müssen Sie nur noch den Teig zubereiten. Sie können auch alles am Vortag vorbereiten. Einfach den Teig in die eingefetteten Dessertringe füllen, die Ganachekugeln hineinsetzen und das Ganze über Nacht kühl stellen. Wenn dann die Gäste kommen, steht einem schnellen Dessert nichts mehr im Wege.

Zuerst für die Ganache-Kerne in einer mittelgroßen Pfanne den Zucker bei niedriger Temperatur karamellisieren lassen. Inzwischen Sahne, Glukosesirup und Salz gemeinsam zum Kochen bringen und beiseitestellen. Wenn der karamellisierte Zucker goldbraun ist, vom Herd nehmen und nach und nach die heiße Sahnemischung unterrühren – vorsichtig, denn es kann spritzen.

Die Schokolade in einer hitzebeständigen Schüssel über einem Topf mit köchelndem Wasser schmelzen.

Zur flüssigen Schokolade in drei Schritten die Karamell-Sahne-Mischung gießen und jeweils gut verrühren.

Dann die Mischung in einen Kunststoff-Spritzbeutel füllen und die Spitze abschneiden. Die Ganache in eine Halbrund- oder Eiswürfelform aus Silikon füllen und mindestens 4 Stunden oder über Nacht einfrieren.

Die gefrorene Ganache aus der Form lösen und, wenn Sie die Halbrundform verwendet haben, jeweils 2 Hälften zu einer Kugel zusammenfügen (die Kugeln sollten etwa Walnussgröße haben). Im Tiefkühlgerät aufbewahren und inzwischen den Teig zubereiten.

GANACHE ZUBEREITEN

GANACHE IST DER NOBLE NAME FÜR EINE MISCHUNG AUS SCHOKOLADE UND EINER FLÜSSIGKEIT – DAS KANN SAHNE, MILCH ODER SOGAR WASSER SEIN.

FÜR DIE PERFEKTE GANACHE GIBT ES EINEN TRICK, DER IMMER FUNKTIONIERT: ZUERST DIE SCHOKOLADE SCHMELZEN. DANN DIE FLÜSSIGKEIT ZUM KOCHEN BRINGEN, DIE ZERLASSENE SCHOKOLADE IN DREI SCHRITTEN DAMIT ÜBERGIESSEN UND JEWEILS MIT EINEM TEIGSCHABER GUT VERRÜHREN.

DIE FERTIGE GANACHE MUSS BEI ZIMMERTEMPERATUR FEST WERDEN, BEVOR SIE TIEFGEFROREN WIRD. DABEI DIE OBERFLÄCHE MIT FRISCHHALTEFOLIE ABDECKEN, DAMIT SICH KEINE HAUT BILDET.

Den Backofen auf 180 °C vorheizen. 4 Streifen Backpapier (etwa 7 x 20 cm) zuschneiden und 4 Dessertringe (6 cm) damit auskleiden, so dass eine etwa 1 cm hohe Manschette übersteht. Die Ringe auf ein mit Backpapier ausgelegtes Backblech stellen.

Schokolade mit Butter in einer hitzebeständigen Schüssel über köchelndem Wasser zerlassen, bis sie warm, aber nicht zu heiß ist.

In einer weiteren Schüssel Eier und Zucker locker schaumig rühren. Wenn die Mischung schaumig, aber noch so flüssig ist, dass sie in einem Strahl vom Löffel tropft, die zerlassene Schokolade langsam dazugießen und gut verrühren. Dann das Mehl vorsichtig unterheben.

Mit einem Löffel oder einem Spritzbeutel die 4 vorbereiteten Dessertringe etwas mehr als halbhoch mit der Schokoladenmasse füllen. Vorsichtig je 1 Ganache-Kugel so weit in den Kuchenteig drücken, dass sie gerade nicht den Boden berührt. Mit noch etwas Teig die Ganache-Kugel gerade bedecken.

Die Küchlein im Ofen etwa 12 Minuten backen und anschließend einige Minuten abkühlen lassen. Zum Herausnehmen die Küchlein vorsichtig an den Papiermanschetten aus den Dessertringen heben und auf 4 Desserttellern anrichten. Die Manschetten lösen und die Küchlein noch warm servieren.

DAS BRIOCHE-REZEPT FÜR JEDE GELEGENHEIT

Ergibt 2 große Laibe

60 g Vollmilch
Mark von 2 Vanilleschoten
550 g Mehl (Type 550)
2 TL Meersalz
50 g feiner Kristallzucker
10 g frische Hefe, zerkrümelt
(oder 1 TL Trockenhefe)
6 Eier
325 g Butter in Würfeln
1 verquirltes Ei zum Bestreichen

DEN TEIG PRÜFEN

EIN TEIG IST FERTIG GEKNETET, WENN SIE EIN WALNUSSGROSSES TEIGSTÜCK NEHMEN UND SEHR DÜNN AUSZIEHEN KÖNNEN, OHNE DASS ES REISST. IN DIESEM STADIUM – NACH ETWA 10–15 MINUTEN KNETEN – IST DAS GLUTEN VOLL ENTWICKELT. WENN DER TEIG BEI DIESER PROBE REISST, EINFACH NOCH EIN PAAR MINUTEN WEITERKNETEN UND ES ERNEUT PROBIEREN.

Brioche backe ich besonders gern am frühen Nachmittag, wenn es so regnerisch ist, dass das Dach über einem der beste Regenschirm der Welt ist.

Sie können den Teig wie ich mit der Hand kneten. Auf mich wirkt das Kneten von Briocheteig so beruhigend wie ein Spaziergang im Park mit japanischer Musik in den Ohren und einem Regen aus Kirschblüten. Aber seien wir ehrlich: Manchmal ist es angenehm, wenn Maschinen die mühsame Arbeit machen, während uns Zeit für die längst fällige Plauderei mit einer guten Freundin und eine Tasse Tee bleibt.

Milch und Vanillemark in einer kleinen Schüssel verrühren.

Für den Teig in der Küchenmaschine Mehl, Salz und Zucker mit dem Knethaken auf niedriger Stufe vermischen, Hefe untermengen und dann Vanillemilch und Eier hinzufügen.

Auf mittlerer Stufe etwa 10 Minuten verkneten, bis der Teig sich ziehen lässt, ohne zu reißen. Ab und zu Teig, der sich an den Schüsselrändern absetzt, ablösen und untermischen.

Alternativ können die Zutaten auch von Hand verrührt und der Teig auf einer bemehlten Arbeitsfläche geknetet werden, bis er sich ziehen lässt, ohne zu reißen.

Nun die Butterwürfel nach und nach hinzugeben. Wenn der Großteil der Butter eingearbeitet ist, die Küchenmaschine auf hohe Stufe stellen und den Teig glatt kneten (oder von Hand glatt kneten). Er sollte nun nicht mehr am Schüsselrand (oder an der Arbeitsfläche) haften, sondern seidigweich und sehr geschmeidig, aber leicht klebrig sein.

Der Teig kann über Nacht kühl gestellt werden, damit er sich leichter formen lässt – ideal für Frühstücksbrioche mit Konfitüre und Kaffee. Dafür den Teig in eine Frischhaltedose oder eine Plastikschüssel legen und mit Frischhaltefolie bedeckt kühl stellen.

Wenn eine butterweiche Nachmittagsnascherei daraus werden soll, wird der Teig am besten gleich weiterverarbeitet: 2 Kastenformen (à 1 Liter) einfetten. Den Teig auf einer sauberen, leicht bemehlten Arbeitsfläche in zwei

Hälften teilen. Mit den Händen zu zwei glatten Kugeln formen. Vorsichtig zu Strängen in der Länge der Kastenform rollen. In die Formen legen und mit den Fingerknöcheln glatt drücken. Die Brioches mit einem sauberen Küchentuch bedecken und an einem warmen Ort etwa 1 Stunde auf die doppelte Größe gehen lassen.

Den Backofen auf 170 °C vorheizen.

Wenn der Teig aufgegangen ist, die Oberfläche mit verquirltem Ei bestreichen und mit einer bemehlten Küchenschere der Länge nach einschneiden. Die Brioches 45 Minuten im Ofen backen, bis bei der Garprobe kein Teig mehr haften bleibt. Wenn die Brioches zu schnell bräunen, lose mit Alufolie bedecken und weiterbacken.

Für das Frühstück am nächsten Tag wird die Brioche genau so gebacken, der Teig muss aber länger gehen – er braucht etwa 90 Minuten, um auf die doppelte Größe aufzugehen.

HEFETEIG GEHEN LASSEN

AM BESTEN GEHT HEFETEIG BEI EINER TEMPERATUR VON ETWA 25 °C UND HOHER LUFTFEUCHTIGKEIT. EIN FREUND, DER BEI PIERRE HERMÉ IN PARIS FÜR DIE TEIGZUBEREITUNG VERANTWORTLICH WAR, SAGTE MIR EINMAL, ER LIESSE SEINEN HEFETEIG ZU HAUSE IM BADEZIMMER GEHEN, NACHDEM ALLE FAMILIENMITGLIEDER GEDUSCHT HÄTTEN. ICH SELBST BRINGE VOR DEM BACKEN EINE TASSE WASSER IN DER MIKROWELLE ZUM KOCHEN, SO DASS ES DAMPFT, UND STELLE DANN DIE BRIOCHE HINEIN. IN DER TAT IST DIES EINE DER SELTENEN GELEGENHEITEN, BEI DER ICH IN UNSERER KÜCHE DIE MIKROWELLE NUTZE.

ROTE-BETE-KUCHEN

Für 8 Personen

3 Eier
175 g feiner Kristallzucker
Mark von 1 Vanilleschote
250 g rohe Rote Bete, fein gerieben (entspricht etwa 2 geschälten Knollen)
175 g Mehl (Type 550)
10 g Backpulver (oder Natron)
1 TL gemahlener Zimt
120 g Butter, zerlassen

Die meisten Rote-Bete-Kuchen enthalten in der einen oder anderen Form Schokolade, doch dieser hier ist beim Anschnitt purpurrot und erinnert im Geschmack an die gerösteten Roten Bete aus meiner Kindheit. Ich aß sie am liebsten mit den Fingern, die Fingerspitzen tiefrot verfärbt vom Saft. Damals reichte eine Prise Fleur de Sel, vielleicht noch ein Spritzer Zitronensaft, mehr nicht. Heute sind auch ein wenig Mehl und eine dicke, fette Vanilleschote ein Muss.

Dieser Kuchen füllt die Küche und das ganze Haus mit einem herrlich erdigen Aroma. Und wenn es dann wieder anfängt zu regnen und die dicken Tropfen ans Fenster schlagen, einfach ein – tiefgefrorenes – Stück Rote-Bete-Kuchen in der Mikrowelle erwärmen, und in kürzester Zeit haben Sie den perfekten Winterkuchen für die Wärme von innen.

Backofen auf 170 °C vorheizen. Eine runde Kuchenform (ca. 22 cm Durchmesser) großzügig buttern und mit Backpapier auslegen.

Eier mit Zucker und Vanillemark 3–5 Minuten auf das doppelte Volumen aufschlagen. Die Masse soll locker und schaumig sein.

Nach und nach die geriebene Rote Bete unterheben, dann mit Mehl, Backpulver und Zimt glatt rühren.

Einige Löffel von der Masse in die zerlassene, abgekühlte Butter geben und gut verquirlen, dann mit der restlichen Masse verrühren.

Die Masse in die vorbereitete Kuchenform füllen und den Kuchen im Backofen etwa 25 Minuten backen, bis bei der Garprobe kein Teig mehr haften bleibt.

Den Kuchen in der Form auf einem Backgitter abkühlen lassen, dann auf eine Servierplatte stürzen.

EARL-GREY-WOCHENEND-KUCHEN

Ergibt 1 großen Kuchen

FÜR DEN KUCHEN
1 TL Earl Grey (lose Teeblätter)
250 g feiner Kristallzucker
4 Eier
200 g Mehl (Type 550)
abgeriebene Schale von 1 unbehandelten Bergamotte (nach Belieben)
1 TL Backpulver (oder Natron)
150 g Crème fraîche
50 g Butter, zerlassen
etwas weiche Butter zum Backen

FÜR DAS CONFIT
350 g unbehandelte Clementinen (etwa 3–4 Früchte)
200 g feiner Kristallzucker
½ Vanilleschote
150 g Wasser
20 g Speisestärke, in 40 ml kaltem Wasser aufgelöst

ZUM ANRICHTEN
etwas Crème fraîche

Würde ich eine Geschichte erzählen, die zu diesem Kuchen passt, dann würde sie in einem Landhaus spielen. Ein Sturm zwingt uns ins Haus. Der Wind rüttelt an den Fenstern, Bäume blockieren die Straße, und nur Kerzen sorgen für etwas Licht. Natürlich ist da ein mit Holz beheizbarer Ofen. Wir würden Kuchen backen. Einen einfachen Kastenkuchen, locker und leicht und mit sattem Zitrusaroma. Dazu ein kräftiger Klecks Crème fraîche, damit er über Tage saftig bleibt.

In Frankreich sagen wir zu dieser Art Kuchen einfach „cake“ (gesprochen: „kek“). Aber sobald Sahne im Teig ist,

Den Backofen auf 180 °C vorheizen. Eine Kastenform (1 Liter Inhalt) buttern und mit Mehl bestäuben.

Die Teeblätter mit etwa 50 g Zucker zu einem feinen Pulver vermahlen. In einer Rührschüssel mit den Eiern und dem restlichen Zucker verrühren und etwa 4 Minuten hell und schaumig schlagen. In einer weiteren Schüssel Mehl, nach Belieben die Bergamotteschale und Backpulver vermischen.

Die Mehlmischung unter die Eiermasse heben. In einer weiteren Schüssel Crème fraîche und zerlassene Butter verrühren und ein wenig von der Mehl-Eier-Masse dazugießen. Gut verrühren. Die Mischung in die Mehl-Eier-Masse geben und mit einem Teigschaber gut vermengen. Die Masse in die vorbereitete Backform füllen.

Die weiche Butter in den Spritzbeutel füllen und die Spitze abschneiden, so dass ein etwa 4 mm breites Loch entsteht. Mit der Butter eine Linie längs über den Kuchen ziehen. 5 Minuten im vorgeheizten Backofen

wird er zu einem „Wochenendkuchen“: Er hält übers Wochenende und ist damit perfekt fürs Sonntagspicknick. Im Supermarkt findet man ihn manchmal sogar als *cake de voyages* – für die Reise. Wer würde von einem einfachen Kastenkuchen so viel Poesie erwarten?

Anstelle von Crème fraîche eignet sich übrigens auch Sahne. Aber (und das sage ich aus französischer Überzeugung): Ich kann nur empfehlen, Crème fraîche immer vorrätig zu haben. Ich serviere diesen Kuchen am liebsten mit Clementinenconfit und einem dicken Klecks Crème fraîche. Statt Clementinen können Sie auch kleine Mandarinen, Tangerinen oder kernlose Orangen verwenden.

bei 180 °C backen, dann die Ofentemperatur auf 170 °C reduzieren und weitere 10 Minuten backen. Die Temperatur weiter auf 160 °C reduzieren und nochmals 25 Minuten backen, bis bei der Garprobe kein Teig mehr haften bleibt.

Den Kuchen 10–20 Minuten in der Form abkühlen lassen, dann herausnehmen und beiseitestellen. Wenn er nicht sofort gegessen wird, am besten gut mit Frischhaltefolie bedecken und im Kühlschrank lagern. Er hält bis zu 4 Tage.

Während der Kuchen bäckt, für das Clementinenconfit Wasser in einem großen Topf zum Kochen bringen. Die Clementinen darin 3 Minuten köcheln lassen, mit einem Sieblöffel herausnehmen und in einer Schüssel mit eiskaltem Wasser abschrecken. Das Ganze mit frischem Wasser wiederholen und dann die Früchte zum Verarbeiten abkühlen lassen.

Die Clementinen in sehr feine Spalten schneiden und in einem Topf mit Zucker, Vanilleschote und Wasser erhitzen. Alles 30 Minuten köcheln lassen, bis die Masse eindickt und fast kandiert ist. Dann die Speisestärke gut unterrühren. Die Mischung einige Minuten aufkochen lassen, in eine Schüssel füllen und kühlen. Vor Gebrauch die Vanilleschote entfernen.

Zum Servieren je ein Stück Kuchen mit einem Löffel Clementinenconfit und einem Klecks Crème fraîche anrichten.

SO ENTSTEHT EIN HÜBSCHER SPRUNG IM KUCHEN

DIES IST EINER MEINER LIEBLINGSTRICKS: FÜR EINEN SCHÖNEN RISS IN DER KUCHENKRUSTE ZIEHT MAN AM BESTEN MIT DEM SPRITZBEUTEL EINE DÜNNE (ETWA 4 MM BREITE) LINIE AUS WEICHER BUTTER LÄNGS ÜBER DEN UNGEBACKENEN KUCHEN. WENN DER TEIG IM OFEN AUFGEHT, SINKT DIE BUTTER EIN UND SORGT FÜR EINEN GLEICHMÄSSIGEN SPRUNG IN DER KRUSTE. VOILÀ!

KAPITEL 2

POCHIERTE BIRNEN IN KARAMELLCIDRE

Für 4 Personen

350 g feiner Kristallzucker
60 g Butter in Würfeln
350 g Birnen-Cidre
500 g Wasser
2 Zimtstangen
abgeriebene Schale von 1 unbehandelten Orange
1 Vanilleschote
4 kleine Birnen, geschält

Ich liebe es, dieses Gericht am Morgen zu kochen – mit reichlich Zeit, um die Birnen zart und weich zu garen. Inzwischen mache ich es mir einfach mit einem Buch und einer Tasse Kaffee oder Tee auf dem Sofa bequem.

Ich finde ja, dass die leicht abgekühlten pochierten Birnen und der glühend heiße Toffee-Kuchen (Seite 50) perfekt zusammenpassen. Gegensätze ziehen sich eben an. Wie früher unser großer Schwarm in der Schule … Aber die noch warmen Birnen, in ihrem Saft und im Ganzen auf einem Teller serviert, sind auch prima als Dessert oder zum *goûter* (Snack) am Nachmittag. Natürlich mit einer großen Portion Vanilleeis. (Denn seien wir ehrlich: Manches schmeckt mit einer Portion Eis einfach am allerbesten.)

Zucker in einem großen Topf bei mittlerer Temperatur erwärmen und unter Rühren mit dem Schneebesen zergehen lassen. Es ist kein Problem, wenn er zwischendurch klumpt – einfach weiterrühren. Der Zucker schmilzt von selbst, wenn er die entsprechende Temperatur erreicht. Er sieht dann aus wie flüssiges Gold – was die Herstellung von Karamell eindeutig versüßt!

Wenn der flüssige Zucker ein tiefes Bernsteingelb hat, vom Herd nehmen, vorsichtig die Butterwürfel nach und nach hinzufügen und jeweils mit dem Schneebesen gut verrühren.

Dann Cidre und Wasser dazugießen. Achtung: Die heiße Flüssigkeit kann spritzen, deshalb lieber etwas Abstand halten. Dann langsam unterrühren, den Topf zurück auf den Herd stellen und bei mittlerer Temperatur erneut aufkochen, damit sich Klumpen auflösen können.

Nacheinander Zimtstangen, Orangenschale, Vanilleschote und schließlich die Birnen hinzugeben. Für die Cartouche ein Stück Backpapier auf den Durchmesser des Topfs zuschneiden und in der Mitte ein Loch einschneiden, damit Dampf entweichen kann (siehe Seite 154).

Die Birnen bei niedriger Temperatur etwa 20 Minuten köcheln lassen, bis sie weich sind. (Zur Probe mit einem Messer hineinstechen: Wenn kein Widerstand spürbar ist, sind die Birnen gar.)

In der Pochierflüssigkeit halten sich die Birnen gekühlt bis zu 1 Woche. Vor dem Anrichten einfach zusammen mit der Flüssigkeit bei niedriger Temperatur in einem Topf erwärmen, bis die Butter wieder zergeht und die Flüssigkeit an den Rändern kleine Blasen wirft.

DIE BESTEN CHOCOLATE CHIP COOKIES DER WELT

Ergibt 36–40 Cookies

180 g weiche Butter
260 g heller Rohrzucker
80 g feiner Kristallzucker
Mark von 1 Vanilleschote
2 Eier
400 g Mehl (Type 550)
1 TL Backpulver
1 gehäufter TL Meersalz
150 g Milchschokolade, grob gehackt
etwas Meersalz zum Bestreuen

Ich finde ja: Wenn ich in eines dieser perfekten, noch ofenwarmen Cookies beiße, dann ist das wie ein Kuss (ein Zungenkuss, versteht sich). Und so wie Küssen eine meiner Lieblingsbeschäftigungen ist, habe ich auch immer gerne ein paar backbereite Cookies im Tiefkühlschrank.

Dieses Rezept reicht für 4 Teigrollen zu je 8–10 Cookies.

Ich bereite meistens eine Gesamtmenge Teig zu und stelle eine Rolle davon über Nacht im Kühlschrank kalt, damit sie fest wird. Am nächsten Tag kann ich die Cookies backen. Die übrigen Teigrollen werden gleich eingefroren – für ein späteres Vergnügen.

Die Butter mit Zucker und Rohrzucker – am besten in der Küchenmaschine mit Flachrührer oder Rührbesen – schaumig rühren. Vanillemark hinzugeben, dann nach und nach die Eier hineinschlagen und jeweils gut verrühren. Die Masse lässt sich aber auch von Hand mit einem Kochlöffel aus Holz gut verrühren.

Mehl, Backpulver und Salz hinzufügen und vermischen, die gehackte Schokolade untermengen und alles in der Schüssel mit den Händen grob vermischen, bis sich alle Mehlnester aufgelöst haben.

Den Teig in 4 Portionen teilen und Rollen formen. Der Teig reicht für 4 etwa 5 cm dicke Rollen. Die Rollen einzeln in Frischhaltefolie wickeln und über Nacht kühl stellen. Sie können auch bis zu 3 Monate eingefroren werden.

Und dann einfach bei Bedarf eine Rolle herausnehmen und bei Zimmertemperatur etwa 10 Minuten oder über einige Tage im Kühlschrank auftauen lassen. Den Backofen auf 180 °C vorheizen und die Rolle in ca. 1,5 cm dicke Scheiben schneiden. Die Scheiben auf ein mit Backpapier ausgelegtes Backblech legen und mit etwas Meersalz bestreuen.

Im Ofen 10–12 Minuten backen, je nachdem, wie knusprig Sie Ihre Cookies mögen. Nach dem Herausnehmen 5 Minuten abkühlen lassen, dann mit einem Teigschaber vom Blech lösen.

KLEBRIGER TOFFEE-KUCHEN

Für 8 Personen

FÜR DEN KUCHEN
260 g Wasser
150 g Datteln, entsteint
150 g Mehl (Type 550)
1½ TL Backpulver (oder Natron)
1 TL Natron
150 g dunkler Rohrzucker
50 g weiche Butter
2 Eier

FÜR DIE TOFFEESAUCE
400 g Schlagsahne
80 g Demerarazucker
25 g dunkler Rohrzucker

Ich glaube, ich kann behaupten, dass dieser Kuchen mein absolut liebster ist. Saftig, ein wenig weich und klebrig, und er schmeckt nach Ferien in einem gemütlichen Chalet mit knisterndem Kamin und einem Topf Glühwein auf dem Feuer. Im Winter backe ich ihn fast jede Woche. Er hält dann prima im Kühlschrank, und nach ein paar Sekunden in der Mikrowelle schmeckt er fast wie frisch aus dem Ofen.

Er ist köstlich zu den pochierten Birnen in Karamellcidre (Seite 47) und/oder etwas Vanilleeis. Die Toffeesauce könnte nicht einfacher sein: Sahne und Zucker werden zusammen erhitzt, bis die Sauce wie flüssiges Gold aussieht und einen fantastischen Geschmack entfaltet – sehr nussig und einfach köstlich!

Den Backofen auf 160 °C vorheizen. Eine runde Kuchenform (20 cm Durchmesser) buttern und mit Backpapier auslegen.

Wasser in einem kleinen Topf zum Kochen bringen, dann vom Herd nehmen und die entsteinten Datteln darin einige Minuten einweichen.

In einer kleinen Schüssel Mehl, Backpulver und Natron vermischen. Die eingeweichten Datteln zu einer glatten Masse pürieren.

In einer großen Rührschüssel Butter und Zucker schaumig rühren (entweder mit dem Handrührgerät oder von Hand mit einem Kochlöffel aus Holz). Die Eier nach und nach hinzugeben und jeweils gut verschlagen. Datteln unterheben, die Mehlmischung hinzufügen und alles zu einer glatten Masse verrühren.

Die Masse in die vorbereitete Kuchenform füllen und im Ofen 45 Minuten backen, bis bei der Garprobe kein Teig mehr haften bleibt.

Während der Kuchen bäckt, für die Toffeesauce Sahne und beide Zuckersorten bei hoher Temperatur aufkochen und dabei gelegentlich umrühren. Wenn die Mischung kocht, auf niedrige Temperatur reduzieren und 10 Minuten weiterköcheln lassen, bis die Sauce so zähflüssig ist, dass sie nicht von einem kalten Metalllöffel rinnt und beim Umrühren der Topfboden sichtbar wird.

Den Kuchen mit der Toffeesauce überziehen und servieren. Die Sauce kann bis zu 1 Woche im Kühlschrank aufbewahrt werden. Da sie beim Abkühlen stark eindickt, einfach bei niedriger Temperatur aufwärmen, dann wird sie wieder flüssig.

POTS DE CRÈME MIT GEWÜRZSCHOKOLADE

Für 4 Personen

240 g Schlagsahne
100 g Vollmilch
3 Stück Sternanis
2 Kardamomkapseln, zerstoßen
1 TL Chilipulver
¼ TL gemahlener Zimt
1 Vanilleschote
4 Eigelb
20 g feiner Kristallzucker
90 g Zartbitterschokolade, fein gehackt

Wenn dunkle Wolken aufziehen und der Donner so richtig grollt, ist es Zeit für heiße Schokolade. Mit wärmenden Gewürzen und einer feinen Chilischärfe macht sie Regentage zu den schönsten Tagen, die ich mir vorstellen kann. Mein Lieblingsrezept für heiße Gewürzschokolade lässt sich auch sehr gut in üppige Pots de crème verwandeln. Einfach vier Eigelbe hinzufügen und ein paar Minuten im Ofen backen.

Den Backofen auf 150 °C vorheizen und Wasser im Teekessel oder Wasserkocher erhitzen.

Mit einem scharfen Messer die Vanilleschote der Länge nach halbieren und das Mark herauskratzen. Sahne und Milch in einen Topf gießen, die Gewürze, die Vanilleschote und das Mark hinzugeben und alles zum Kochen bringen. Wenn die Mischung kocht, vom Herd nehmen, zudecken und 15 Minuten ziehen lassen.

In einer Rührschüssel Eigelbe und Zucker schaumig rühren. Die Sahnemischung durch ein feinmaschiges Sieb dazugießen und dabei gut rühren. Dann die gehackte Schokolade hinzufügen und mit dem Teigschaber gut vermischen, bis die Schokolade geschmolzen ist.

Die Masse auf 4 kleine Souffléförmchen verteilen und die Förmchen in ein tiefes Backblech stellen. Das Blech bis auf halbe Höhe der Förmchen mit dem heißen Wasser füllen und die Pots de crème im Wasserbad etwa 25 Minuten backen, bis sie gerade fest, innen aber noch flüssig sind.

Die Förmchen vorsichtig aus dem Wasserbad nehmen und einige Minuten bei Zimmertemperatur abkühlen lassen. Vor dem Servieren mindestens 2 Stunden oder über Nacht kühl stellen.

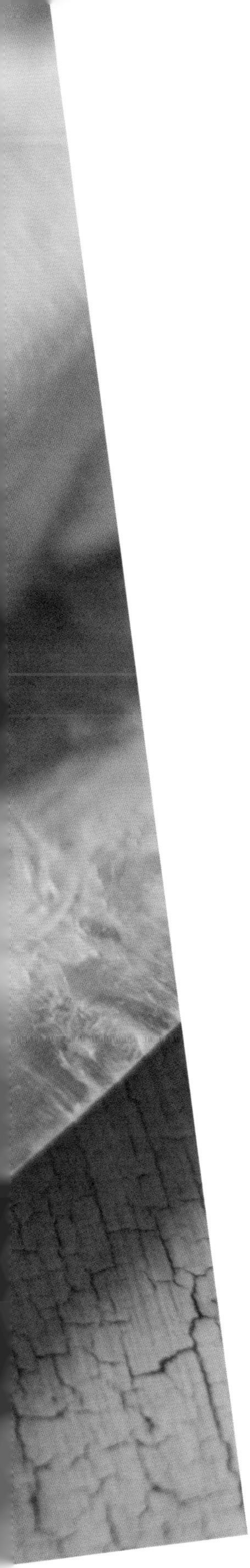

3

SCHOKOLADE-
MACHT-GLÜCKLICH-
KUCHEN

GOUGÈRES
MIT EINEM GLAS
ROTWEIN

CRÈME BRÛLÉE
NUR FÜR MICH

GERÖSTETES
KNOBLAUCHBROT

COOKIES, BESSER
ALS JEDER BROWNIE

EISBECHER
À LA BANANENSPLIT

TIRAMISU-
SCHÜSSELCHEN

(TRÖSTER FÜR GEBROCHENE HERZEN)

3

ALS WIR UNS kennenlernten, trug er einen Pullover aus weicher, knallroter Wolle. Sein Haar hatte die Farbe von Holzkohle. Seine Augen auch. An diesem Abend küssten wir uns auf einer Steintreppe bei einem Theatereingang. Im Licht der Straßenlaternen fielen Regentropfen wie Sternschnuppen.

Und dann, eines Tages, war er fort, und hinterließ in meinem Leben ein Loch, ein leeres Bett. In den Wochen danach war dieses Bett meine Festung. Ich trug den Pullover, den er einst geliebt hatte. Zum Essen war ich zu müde, ich schlief ein und versank in Träume, von denen ich hoffte, sie würden nie enden.

In diesen Träumen verbrachten wir Tage am Strand und tranken aus demselben Strohhalm Gin Tonic. Krabbenfischen und nächtliche Lagerfeuer am Meer, Fahrten durch die in Wolken gehüllten Berge. Es wirkte, als befänden wir uns auf einer Insel. Doch in den meisten Träumen schlenderten wir nachts durch die leeren Straßen des schneebedeckten Paris.

Dann erwachte ich in einem kalten, leeren Raum und wünschte mir mehr, hoffte auf mehr. Ich hoffte auf ein Wunder. Wir waren wieder Fremde, und eine halbleere Tasse Kaffee auf dem Nachttisch war der einzige Hinweis darauf, dass in diesem Haus nicht immer solche Kälte geherrscht hatte. Die Tränen verschleierten alles. Ich gehörte nirgendwo hin. Und ich dachte, ich würde mich nie wieder verlieben. Aber man kann nicht ewig unter Wasser bleiben. Das hatte er mir gesagt, an einem dieser Tage, als die Sonne brannte und das Meer glitzerte und unter Wasser die Fische in allen Regenbogenfarben schillerten.

Nein, man kann nicht ewig unter Wasser bleiben.

SCHOKOLADE-MACHT-GLÜCKLICH-KUCHEN

Ergibt 10 Stücke

FÜR DEN KUCHEN
200 g Mehl (Type 550)
½ TL Natron
50 g Kakaopulver
275 g feiner Kristallzucker
1 Prise Meersalz
175 g Butter
2 Eier
175 g Schokolade (70 % Kakao), zerlassen
80 g Crème double
125 ml kochendes Wasser

FÜR DEN SIRUP
1 TL Kakaopulver
125 g Wasser
100 g feiner Kristallzucker

FÜR DIE GARNIERUNG
25 g Zartbitterschokolade, gerieben

Diesen Kuchen verbinde ich mit nass geweinten Taschentüchern und betrunkenen Anrufen, die ich lieber vergessen würde. Wir verdanken ihn Nigella Lawson – dem Menschen, der diese schlaflosen Nächte Stück für Stück in eine Schokowolke verwandelt hat. Der Kuchen ist die Konstante, die sich durch meine Trennungen zieht. Und nicht nur durch meine. Meine beste Freundin ‚A' liebt ihn auch. Im Vertrauen: Wenn sie gerade unbedingt Schokolade braucht, bäckt sie ihn gleich im riesigen Cassoulet-Topf. Das Rezept ergibt mehr Kuchen, als man auf einmal essen kann. Backen, essen, den Rest aufschneiden, einfrieren, Stück für Stück auftauen – und schon fühlt man sich besser.

Den Backofen auf 170 °C vorheizen. Eine Kastenform (1 Liter) oder eine runde Kuchenform (24 cm Durchmesser) großzügig buttern und mit Backpapier auslegen, so dass es am Rand übersteht. Für den Kuchen alle Zutaten (bis auf das kochende Wasser) in einer Rührschüssel mit einem Kochlöffel aus Holz glatt rühren. Nach und nach das heiße Wasser unterrühren. Den fertigen Teig in die vorbereitete Backform füllen.

50–60 Minuten backen, bis bei der Garprobe kein Teig mehr haften bleibt. Je nach Größe der Kuchenform bleibt etwas Teig übrig, er kann in einer kleinen Form mit dem großen Kuchen mitgebacken werden.

Für den Sirup alle Zutaten in einem kleinen Topf zum Kochen bringen und etwa 5 Minuten eindicken lassen.

Den heißen Kuchen mehrmals mit einem Spieß einstechen und gleichmäßig mit dem Sirup übergießen. Den Kuchen in der Form abkühlen lassen, dann mit dem Backpapier herausnehmen.

Auf einer Servierplatte anrichten und mit geriebener Schokolade bestreut servieren.

GOUGÈRES MIT EINEM GLAS ROTWEIN

Für 4 Personen

125 g Vollmilch
50 g Butter
2 TL edelsüßes Paprikapulver
1 TL Chiliflocken
1 TL Meersalz
75 g Mehl (Type 550)
2 Eier
1 verquirltes Ei zum Bestreichen
60 g geriebener Hartkäse (z. B. Gruyère, Parmesan oder reifer Cheddar)

Gougères sind meine allerliebste Wohlfühlspeise. Üppig weiche Käse-Windbeutel, die nichts lieber wollen, als mit den Fingern gegessen und von einem Glas Rotwein begleitet zu werden.
Ich habe sie sehr oft zum Abendessen gemacht. Wenn ich den Teig zubereite, spielt meine Lieblingsmusik, und während die Gougères backen, öffne ich eine Flasche Rotwein. Und dann esse ich sie noch ganz heiß, ein Buch in der einen Hand und ein Glas Wein in der anderen.

Den Backofen auf 250 °C vorheizen und ein Backblech leicht mit Butter einfetten.

Milch, Butter, Gewürze und Salz in einem Topf bei niedriger Temperatur aufkochen (die Butter muss ganz geschmolzen sein, bevor die Milch kocht). Vom Herd nehmen, das Mehl auf einmal hinzugeben und gut verrühren.

Zurück auf den Herd stellen und mit einem Kochlöffel aus Holz rühren, bis sich auf dem Topfboden ein weißer Belag bildet. Dann ist der Teig trocken genug. Er sollte nicht klebrig sein.

Den Teig in einer großen Schüssel 2–3 Minuten abkühlen lassen. Dann nach und nach die Eier hinzugeben und jeweils gut verrühren.

In den noch warmen Teig die Hälfte vom geriebenen Käse unterrühren, dann die Masse in einen Spritzbeutel mit 12 mm breiter Tülle füllen.

Mit dem Spritzbeutel Häufchen auf das Backblech setzen und die Häufchen mit verquirltem Ei bestreichen. Die Spitzen dabei ein wenig glätten. Eine Gabel in das verquirlte Ei tauchen und über die Häufchen ziehen. Mit dem restlichen Käse bestreuen.

Den Ofen ausschalten und die Gougères darin 15 Minuten backen, bis sie aufgehen, aber noch hell sind. Dann den Ofen auf 180 °C schalten und mit einem Kochlöffel aus Holz die Backofentür einen Spalt offen halten. Die Gougères weitere 10–15 Minuten goldbraun backen.

Herausnehmen und einige Minuten abkühlen lassen, dann auf einer Servierplatte anrichten. Die Gougères schmecken am besten zu Ihrer Lieblingsfernsehsendung und mit einem Glas Rotwein.

BRANDTEIG DRESSIEREN

DEN SPRITZBEUTEL ETWA 2 CM ÜBER DEM BACKBLECH SCHRÄG HALTEN UND ANDRÜCKEN, BIS DAS HÄUFCHEN ETWA 3 CM BREITE HAT. LOSLASSEN UND DEN TEIG MIT EINER KLEINEN, SCHNELLEN DREHBEWEGUNG IM UHRZEIGERSINN „ABSCHNEIDEN“. EINE REIHE HÄUFCHEN AUF DAS BLECH SETZEN, DANN EINIGE ZENTIMETER DARUNTER, LEICHT VERSETZT, DIE ZWEITE REIHE BEGINNEN. SO HABEN DIE WINDBEUTEL GENÜGEND ABSTAND UND LAUFEN NICHT INEINANDER.

CRÈME BRÛLÉE NUR FÜR MICH

Für 1 Person

100 g Schlagsahne
Mark von ½ Vanilleschote
2 Eigelb
1 EL feiner Kristallzucker
Demerarazucker zum Karamellisieren

Über Crème brûlée ist wohl schon alles gesagt. Sie ist cremig, sie ist köstlich und sie hat schlichte Eleganz. Ganz besonders als einsamer, stiller Genuss. Ein Förmchen. Ein Löffel. Eine knusprige Karamellkruste. Sie bringt vielleicht nicht das vollkommene Glück. Aber ich garantiere Ihnen, anschließend fühlen Sie sich besser.

Den Backofen auf 150 °C vorheizen. Im Wasserkocher Wasser erhitzen.

In einem kleinen Topf bei mittlerer Temperatur Sahne und Vanillemark zum Kochen bringen.

In einer kleinen Schüssel Eigelbe und Kristallzucker schaumig schlagen. Die aufgekochte Sahne langsam unter ständigem Rühren dazugießen. Wenn sich Schaum bildet, diesen abschöpfen und die Masse in eine kleine Soufflée- oder Auflaufform gießen.

Die Form auf ein tiefes Backblech stellen und das Blech bis auf halbe Höhe der Form mit kochendem Wasser füllen. Im Ofen etwa 40 Minuten im Wasserbad garen, bis die Crème an der Oberfläche fest wird, innen aber noch dickflüssig ist.

Herausnehmen, die Form vorsichtig aus dem Wasserbad heben und bei Zimmertemperatur einige Minuten abkühlen lassen. Anschließend mindestens 2 Stunden oder über Nacht kühl stellen.

Anschließend mit einer dünnen Schicht Demerarazucker bestreuen und diesen karamellisieren – entweder mit einem Flambierbrenner oder die Crème einfach einige Minuten unter dem Backofengrill erhitzen.

Mit einem Löffel die Karamellkruste einstechen. Das macht glücklich!

KAPITEL 3

GERÖSTETES KNOBLAUCH-BROT

Ergibt 1 Laib

FÜR DEN STARTER
100 g Mehl (Type 550)
120 g Wasser
10 g frische Hefe
(oder 1 TL Trockenhefe)

FÜR DEN GERÖSTETEN KNOBLAUCH
2 Knoblauchknollen
3 EL natives Olivenöl extra

FÜR DAS BROT
50 g Wasser
2 EL natives Olivenöl extra
1 TL Meersalz
150 g Mehl (Type 550)
etwas natives Olivenöl extra für das Blech

Eines meiner liebsten Rezepte für einsame Abende ist eine Schüssel knusprig goldener Bratkartoffeln mit einer Prise Salz und reichlich Knoblauch. Richtig viel Knoblauch – mehr, als die meisten Jungs ertragen. Selbst die französischen.

Manchmal verarbeite ich meine Knoblauchsucht auch zu Brot. Nicht nur, weil ich den Prozess des Brotbackens irgendwie magisch finde – ein grober Teig wird zu einer glatten Kugel geknetet, man kann zusehen, wie er zu einem blasenwerfenden Riesen aufgeht, und riechen, wie er beim Backen sein herrliches Aroma entfaltet. Nein, auch weil ich die Teignester mit den Knoblauchzehen unwiderstehlich finde. Magisch, dieses Geschmackserlebnis – vor allem zu einem Teller Suppe oder einem einfachen weichen Ei, einem *œuf à la coque*.

In einer großen Schüssel Mehl, Wasser und Hefe vermischen. Mit einem sauberen Küchentuch bedecken und etwa 2 Stunden gehen lassen.

Den Backofen auf 200 °C vorheizen. Von den Knoblauchknollen die Spitzen abschneiden und die Zehen mit Olivenöl beträufeln. Die Knollen einzeln in Alufolie wickeln und im Backofen etwa 30 Minuten rösten.

Herausnehmen, abkühlen lassen und aus den Knollen die Zehen herausdrücken. Sie sollten dabei nicht brechen oder zu sehr zerdrückt werden. Beiseitestellen und mit dem Brotteig fortfahren.

Wasser, Olivenöl und Salz unter den Starter mischen, dann Mehl hinzugeben und alles schnell glatt rühren. Auf einer sauberen, leicht mit Öl bestrichenen Arbeitsfläche etwa 6–8 Minuten glatt kneten. Wieder mit einem sauberen Küchentuch bedecken und nochmals 30 Minuten ruhen lassen.

Ein großes Backblech großzügig mit Öl einfetten und den Teig auf ein Rechteck von etwa 15 x 20 cm ausziehen. Die Knoblauchzehen auf der rechten Hälfte verteilen, die linke Teighälfte darüberklappen und an den Rändern gut festdrücken. Das Knoblauchbrot 1 Stunde gehen lassen, erneut auf 15 x 20 cm ausziehen und nochmals 1 Stunde gehen lassen. Den Backofen auf 250 °C vorheizen.

Den Brotteig mit etwas heißem Wasser beträufeln und im Ofen 30 Minuten goldbraun backen. Vor dem Servieren etwas abkühlen lassen.

COOKIES, BESSER ALS JEDER BROWNIE

Ergibt 12 Cookies

100 g Zartbitterschokolade, grob gehackt
1 EL Butter
90 g Mehl (Type 550)
¼ TL Backpulver
¼ TL Meersalz
1 Ei
75 g heller Rohrzucker

Diese Cookies sind seit Jahren meine Lieblingskekse. Sie sind weich und klebrig und sehr schokoladig wie Brownies (sozusagen die Brownies unter den Cookies). Ich liebe es, sie noch warm im Mund zergehen zu lassen. Aber auch als Sandwich mit Eis dazwischen sind sie prima. Wetten, dass das die Finger ebenso glücklich macht wie den Gaumen?

Den Backofen auf 170 °C vorheizen und ein Backblech mit Backpapier auslegen.

Schokolade und Butter in einer großen, hitzebeständigen Schüssel verrühren und über einem Topf mit köchelndem Wasser schmelzen. Dann zum Abkühlen kurz beiseitestellen.

Inzwischen Mehl, Backpulver und Salz in einer Schüssel vermischen.

In einer weiteren Schüssel Ei und Rohrzucker etwa 5 Minuten schaumig schlagen, dann die zerlassene Schokolade unterrühren. Anschließend rasch die Mehlmasse unterheben und mit einem Kochlöffel aus Holz gut verrühren.

Der Teig soll weich und ziemlich klebrig sein, sich aber mit den Händen zu etwa walnussgroßen Kugeln rollen lassen. Die Kugeln auf dem vorbereiteten Backblech verteilen.

Im Backofen 10 Minuten backen. Die Cookies sollten außen Risse bekommen, innen aber noch weich sein. Auf dem Backblech einige Minuten abkühlen lassen, dann servieren.

EISBECHER À LA BANANENSPLIT

Für 2 Personen

FÜR DIE KARAMELLSAUCE
200 g Crème double
50 g Butter
125 g Muscovadozucker
1 TL Kakaopulver
¼ TL Meersalz
75 g Milchschokolade (40 % Kakao)

2 Bananen mit Schale
4 Kugeln Vanilleeis (gekauft oder selbstgemacht, siehe Seite 17)
6 Cookies, besser als jeder Brownie (Seite 67)

Wenn ich mir mal etwas so richtig Dekadentes gönne, dann das: Cookies, besser als jeder Brownie (Seite 67) werden in einem großen Glas mit karamellisierten Bananen, Vanilleeis und einer wahnsinnig guten Schoko-Karamellsauce geschichtet.

Das Beste gegen Liebeskummer!

Den Backofen auf 180 °C vorheizen.

Für die Karamellsauce Crème double, Butter, Muscovadozucker, Kakaopulver und Salz verrühren und in einem kleinen Topf zum Kochen bringen.

Die Schokolade in eine große Schüssel füllen und mit der Karamellsauce übergießen. Alles mit einem Teigschaber gut verrühren, bis eine glatte Masse entsteht. Bei Zimmertemperatur leicht abkühlen lassen.

Während die Sauce abkühlt, die Bananen mit Schale auf ein mit Alufolie ausgelegtes Backblech legen und mit einem spitzen Messer mehrmals (durch die Schale hindurch) einstechen. Im vorgeheizten Backofen etwa 15 Minuten backen, bis die Schalen schwarz sind und Saft austritt. Etwas abkühlen lassen, bis sich die Bananen schälen lassen.

Hohe Gläser mit je einer Schicht Eis, gebackenen Bananen und Cookies füllen und mit einer großzügigen Menge Schoko-Karamellsauce abschließen.

TIRAMISU-SCHÜSSELCHEN

Für 1 Person

1 gehäufter EL feiner Kristallzucker
1 Eigelb
100 g Mascarpone
6–8 Löffelbiskuits (gekauft oder selbstgemacht, siehe Seite 114)
1 Tasse starker Kaffee
Zartbitterschokolade (70 % Kakao) zum Darüberreiben

Dieses Rezept ist mein eigener kleiner Genuss: eine große dicke Schüssel Mascarpone-Mousse mit kaffeegetränkten Löffelbiskuits dazwischen.

Die Mousse enthält Eigelb und natürlich Mascarpone, sie ist unheimlich reichhaltig und cremig, und wenn ich so darüber nachdenke, könnte es keinen besseren Namen dafür geben: Er bedeutet „Zieh mich hoch" – im übertragenen Sinne: Muntermacher, Energieschub, Wiederhersteller. Und genau das ist sie.

Natürlich kann das Rezept jederzeit verdoppelt, verdreifacht oder vervielfacht werden. In kleinen Gläsern angerichtet sieht es auch sehr hübsch aus.

Zucker und Eigelb mit dem Handrührgerät 3–4 Minuten auf die doppelte Menge schaumig schlagen.

Dann nach und nach esslöffelweise Mascarpone hinzugeben und jeweils mindestens 1 Minute verrühren. Die Creme kurz kühl stellen.

Die Löffelbiskuits im Kaffee einweichen und mit der Hälfte davon den Boden einer kleinen Schüssel auslegen. Die Hälfte der Mascarponecreme darauf verteilen. Die restlichen Löffelbiskuits darauflegen und mit der restlichen Creme bestreichen. Etwas Schokolade darüberreiben und das Tiramisu 1–2 Stunden kühl stellen. Und dann mit einem möglichst großen Löffel genießen!

WAFFELN
(DER SCHNELLE WEG)

CROISSANTS
PAIN PERDU

MAIS-
PFANNKUCHEN

FRÜHSTÜCKS-
COOKIES
(SOZUSAGEN)

KAROTTEN-
PFANNKUCHEN

RICOTTA-HONIG-
DONUTS

SWEET
CHILI-
BRUFFINS

(ODER DEN, NEBEN DEM MAN AUFWACHEN MÖCHTE)

ICH ERWACHTE mit einem Kater, wie man ihn nur von Bloody Mary, Gin Tonic und Champagner hintereinander bekommt. Und dann war da noch der Mann, der in meinem völlig zerwühlten Bett lag und tief und fest schlief.

Männer sind morgens immer hungrig. Und egal, wie ich mich fühlte, dieser würde nie aufwachen – es sei denn, durch den Geruch eines *à la minute*-Frühstücks. Und ich brauchte selbst dringend etwas zu essen, um mich an die Dinge zu erinnern, die der Alkohol verschleiert hatte. Eins war geblieben, das Gefühl, wir hätten in dieser Nacht einen Feuerwerkskörper entzündet. Manche Dinge sind keine Frage der Erinnerung, sondern der Empfindung.

So wie seine Hand in meinem Haar und wie die Welt um uns verschwand, während der kurze Weg bis zu meiner Wohnung eine Art lebendiges Spielbrett wurde. Wir waren der Gewinn. Es machte Spaß. Er machte mir Spaß. Zusammen waren wir eine schräge Mischung, wie ein unterschiedliches Paar Socken. Wilder Blondschopf trifft widerspenstige braune Locken.

Ich wollte ihm das beste Frühstück bereiten, das er je gegessen hatte. Und noch mehr. Und in diesem Moment schien es mir richtig, mit dem Mehr zu beginnen. Die Pfannkuchen konnten warten.

WAFFELN (DER SCHNELLE WEG)

Ergibt 8–12 große Waffeln

100 g Butter
125 g Vollmilch
Mark von 1 Vanilleschote
120 g Mehl (Type 550)
3 Eiweiß
60 g feiner Kristallzucker

Ich hätte Ihnen das Waffelrezept meiner Großmutter aufschreiben können, das ausgefeilte mit Hefe und einem Schuss Bier. Aber wer will schon drei Stunden auf eine Portion Waffeln warten? Dieses Rezept ist schnell gemacht und noch schneller gegessen.

Wenn Sie also einen Grund brauchen, um das schwere alte Waffeleisen mal wieder zu entstauben, dann steckt er in diesem Rezept. Weiter müssen Sie nicht blicken. Ihr Leben wird eine neue Bedeutung erhalten.

Das Waffeleisen vorheizen.

In einem kleinen Topf Butter, Milch und Vanillemark bei niedriger Temperatur erwärmen, bis die Butter flüssig ist. In eine Schüssel oder einen Krug gießen und ein wenig abkühlen lassen, bis die Mischung bei Berührung lauwarm ist.

Das Mehl in eine große Schüssel füllen und die Milchmischung unter Rühren dazugießen.

In einer weiteren Schüssel die Eiweiße schaumig schlagen, dann nach und nach den Zucker unterrühren, bis eine glänzend feste Masse entsteht. Die Hälfte davon unter den flüssigen Teig rühren, damit er locker wird, dann den Rest des Eischnees vorsichtig unterheben.

Einen Schöpflöffel voll Teig auf dem heißen Waffeleisen verteilen und 4–6 Minuten goldbraun backen.

Mit dem restlichen Teig ebenso verfahren. Die fertigen Waffeln auf einem Kuchengitter stapeln.

EIWEISS SCHLAGEN

EIWEISS STEIF ZU SCHLAGEN IST EINE DER ERSTEN AUFGABEN, DIE MAN BEIM BACKEN LERNT. TROTZDEM GEHEN ES VIELE FALSCH AN. AM BESTEN BEGINNEN SIE IMMER AUF NIEDRIGER STUFE ZU SCHLAGEN, SO ENTSTEHEN KLEINE, GLEICHMÄSSIGE LUFTBLASEN IM EISCHNEE, DIE DANN UMSO STABILER SIND.

CROISSANTS PAIN PERDU

Für 2 Personen

2 Croissants
2 Eier
3 EL feiner Kristallzucker,
zusätzlich etwas Zucker zum Backen
80 g Vollmilch
30 g Schlagsahne
Butter zum Backen

Dieses Rezept ist das Beste, was einem nach einer langen Nacht passieren kann. Und glauben Sie mir: Kein Mann auf dieser Welt kann ihm widerstehen. Es sind Arme Ritter, die an Crème brûlée erinnern, mit buttrigem Croissant-Aroma und einer knusprigen Karamellkruste.

Aber: Seien Sie vorsichtig. Es ist ein Frühstück, Sie sind gerade aufgestanden (egal, ob um neun oder um zwei Uhr nachmittags), es ist immerhin ein wenig Karamell im Spiel, und Sie wollen sich ja nicht die Finger verbrennen. Also passen Sie auf und nehmen Sie auf jeden Fall einen Pfannenwender.

Die Croissants quer halbieren.

Eier und Zucker in einer Schüssel verquirlen, Milch und Sahne hinzugeben und die Mischung glatt rühren.

Die Eiermasse in einen Plastikbehälter oder einen tiefen Teller füllen und die Croissanthälften mit der Schnittfläche nach unten etwa 1 Minute darin einweichen. Dann wenden und 1 weitere Minute einweichen.

Ein Stück Butter in einer heißen Pfanne bei mittlerer Temperatur zerlassen, bis die Butter schäumt. Immer 1–2 Croissanthälften darin mit der Schnittfläche nach unten etwa 1 Minute backen, dann wenden und großzügig mit Zucker bestreuen. 1 Minute backen, dann erneut wenden und 1 Minute weiterbacken, bis der Zucker karamellisiert. Das Wenden klingt aufwendiger, als es ist, es dauert wirklich nur 3 Minuten – und das für die knusprigste Kruste aller Zeiten.

MAIS-PFANNKUCHEN

Ergibt 6 dicke Pfannkuchen

130 g Mehl (Type 550)
½ TL Backpulver (oder Natron)
1 gehäufter TL Meersalz
1 Prise gemahlener Kreuzkümmel
130 g Vollmilch
1 Ei
Saft von 1 Limette
200 g Maiskörner
(von 2 mittelgroßen Maiskolben)
3 Frühlingszwiebeln, in Ringe geschnitten
1 Chilischote, in dünne Ringe geschnitten
2 gehäufte EL gehacktes Koriandergrün

Früher konnte ich mit amerikanischem Cornbread nichts anfangen, aber ich habe es liebgewonnen. Vielleicht liegt es an diesem Typ mit den tiefblauen Augen und dem süßesten amerikanischen Akzent, den ich je gehört habe. Er hat für mich Sandwiches mit Erdnussbutter und Honig gefüllt und Erdbeerhälften in den Salat geschnitten.

Eines Morgens, als ich noch in süßen Träumen versunken war, ging er in die Küche und backte einen ganzen Turm Mais-Pfannkuchen. Nach diesem Frühstück und mehr Pfannkuchen, als ich hier verraten will, sagte ich zu ihm die berühmten drei Wörter. Hier das Rezept – es ist einfach zum Verlieben.

Ich serviere meine Mais-Pfannkuchen gern mit einer Salsa aus zerdrückter Avocado und gehackten Tomaten, mit reichlich Zitronensaft beträufelt und mit Meersalz bestreut, dazu Chiliringe und eine Menge frisches Koriandergrün.

Mehl, Backpulver, Salz, Kreuzkümmel, Milch, Ei und Limettensaft in einer großen Schüssel verrühren. Maiskörner unterheben, dann Frühlingszwiebeln, Chili und Koriander hinzufügen und alles gut verrühren.

Eine beschichtete Bratpfanne bei niedriger Temperatur erwärmen und pro Pfannkuchen etwa eine Kelle (ca. 75 ml) Teig in die heiße Pfanne gießen. Etwa 1 Minute backen, bis die Unterseite bräunt. Dann mit einem Pfannenwender umdrehen und 1 weitere Minute backen. Mit dem restlichen Teig ebenso verfahren und die fertigen Pfannkuchen auf einem Teller stapeln.

FRÜHSTÜCKS-COOKIES (SOZUSAGEN)

Ergibt 12 Pfannkuchen in Cookie-Größe

2 Eier, Eigelb und Eiweiß getrennt
120 g Naturjoghurt
60 g Vollmilch
60 g heller Rohrzucker
1 EL Vanilleextrakt
½ TL Meersalz
120 g Mehl (Type 550)
50 g Zartbitterschokolade (70 % Kakao), grob gehackt
50 g Milchschokolade (40 % Kakao), grob gehackt
1 TL Backpulver (oder Natron)
Butter zum Backen

SCHOKOLADE HACKEN

DAS NÄCHSTE MAL ZUM HACKEN EINFACH EIN SÄGE- ODER WELLENSCHLIFFMESSER VERWENDEN. GELINGT AM BESTEN!

Diese Pfannkuchen sind für besondere Tage gedacht: In ihnen stecken zartschmelzende Schokolade und heller Rohrzucker.

Wenn Sie diese Pfannkuchen machen, lassen Sie ein ordentliches Stück Butter in der Pfanne goldbraun werden. Die Butter verleiht diesen „Cookies" einen herrlichen Geschmack.

In einer großen Schüssel Eigelbe mit Joghurt, Milch, Zucker, Vanilleextrakt und Salz verrühren.

In einer weiteren Schüssel Eiweiße zu Schnee schlagen. Ein Drittel vom Eischnee zur Joghurtmasse geben und zum Auflockern unterheben, dann den restlichen Eischnee vorsichtig unterrühren. Mehl, gehackte Schokolade und Backpulver hinzugeben und die Mischung glatt rühren.

In einer beschichteten Pfanne bei hoher Temperatur ein Stück Butter zerlassen, bis die Butter leicht bräunt und schäumt. Auf niedrige Temperatur reduzieren und einen kleinen Schöpfer Teig (ca. 60 ml) in die heiße Pfanne gießen. Den Pfannkuchen etwa 2 Minuten backen, bis er an der Unterseite goldbraun ist, dann mit dem Pfannenwender umdrehen und 1 weitere Minute backen. Aus dem restlichen Teig weitere, gleich große Pfannkuchen backen und auf einen Teller türmen. Am besten essen Sie sie mit den Fingern, dazu ein großes Glas kalte Milch.

FANNYS PATISSERIE

KAPITEL 4

KAROTTEN-PFANNKUCHEN

Ergibt 10–12 Pfannkuchen

FÜR DIE FRISCHKÄSE-GLASUR
100 g Doppelrahmfrischkäse
3 EL Joghurt
1 EL heller Rohrzucker
1 TL Vanilleextrakt

FÜR DIE PFANNKUCHEN
100 g Doppelrahmfrischkäse
80 g Vollmilch
2 Eier, Eigelb und Eiweiß getrennt
3 EL heller Rohrzucker
1 TL Vanilleextrakt
90 g Mehl (Type 550)
1 TL Backpulver (oder Natron)
½ TL gemahlener Zimt
160 g (etwa 4 kleine) Karotten, fein geraspelt

Genau das Richtige für ein Wochenende, an dem Sie das Frühstück so richtig zelebrieren wollen. Ich habe die Pfannkuchen zum Geburtstag meines Freundes das erste Mal gebacken. Genossen haben wir sie im Bett – bis auf den letzten Krümel – mit Kerzenlicht und Küssen als Zwischengang. Dann gingen wir in ein schickes Restaurant Mittagessen, und abends gab es Schokoladenkuchen und ein Glas Champagner.

Ich serviere die Karotten-Pfannkuchen gerne mit einer schnellen „Glasur" aus Frischkäse, aber sie schmecken auch mit Ahornsirup oder Honig köstlich. Die Karotten sollte man ganz fein raspeln – meine Microplane-Reibe eignet sich dafür ausgezeichnet.

Als Erstes die Glasur vorbereiten. Dazu alle Zutaten in einer Schüssel verrühren und bis zum Gebrauch kühl stellen.

Für den Teig Frischkäse mit Milch, Eigelben, Zucker und Vanilleextrakt in einer großen Schüssel vermengen. Mehl, Backpulver und Zimt hinzugeben und alles glatt rühren.

In einer weiteren Schüssel die Eiweiße zu Schnee schlagen und den Eischnee zusammen mit den geraspelten Karotten unter die Teigmischung heben.

Eine beschichtete Pfanne bei niedriger Temperatur erwärmen. Eine kleine Kelle (ca. 50 ml) Teig in die Pfanne gießen und etwa 2 Minuten backen, bis der Pfannkuchen an der Unterseite bräunt. Mit dem Pfannenwender umdrehen und 1 weitere Minute backen. Aus dem restlichen Teig weitere Pfannkuchen backen und auf einem Teller stapeln.

Zum Servieren mit einem großen Klecks Frischkäse-Glasur bestreichen.

RICOTTA-HONIG-DONUTS

Ergibt 30–40 Mini-Donuts

125 g Vollmilch
50 g Butter
1 TL Meersalz
75 g Mehl (Type 550)
2 Eier
100 g Ricotta
1 EL Honig

Pflanzenöl zum Frittieren
flüssiger Honig zum Anrichten
geröstete Pinienkerne zum Bestreuen
(nach Belieben)

Man kennt sie als Donuts oder Fritters, aber für mich bleiben sie immer *beignets* (ausgesprochen „Be-njee"). Sie bestehen aus einem einfachen Brandteig mit einem Schuss Honig und reichlich Ricotta. Wenn Sie keinen Ricotta haben, funktioniert es auch mit sehr cremigem Joghurt. Dazu eine große Portion Honig und eine kleine Handvoll Pinienkerne, die in der Pfanne ohne Fett goldbraun geröstet werden. Das sorgt für viel Frühstücksspaß und reichlich klebrige Finger!

Für den Brandteig Milch, Butter und Salz in einem kleinen Topf bei niedriger Temperatur aufkochen. Die Butter sollte vollständig geschmolzen sein, bevor die Milch kocht. Dann vom Herd nehmen, das Mehl auf einmal hinzugeben und gut unterrühren.

Den Topf zurück auf den Herd stellen und mit einem Kochlöffel aus Holz rühren, bis sich auf dem Topfboden ein weißer Belag bildet. Dann ist der Teig trocken genug. Er sollte nicht klebrig sein.

Den Teig in eine große Rührschüssel füllen und 2–3 Minuten lang abkühlen lassen. In den lauwarmen Teig Ricotta und Honig einrühren und dann in einen Spritzbeutel mit 20 mm breiter Tülle füllen.

In einem tiefen Topf das Öl auf 160 °C erhitzen.

Den Teig in das heiße Öl spritzen – mit der Schere etwa 1 cm große Stücke abschneiden. Je Durchgang 6–7 Donuts in den Topf spritzen – dabei Vorsicht mit dem heißen Öl! Die Donuts etwa 6 Minuten backen, bis sie tiefbraun sind, und nach der Hälfte der Garzeit wenden.

Einen großen Teller mit mehreren Schichten Küchenpapier auslegen. Die fertigen Donuts mit einem Sieblöffel aus der Pfanne nehmen und auf dem Papier abtropfen lassen, während die weiteren Donuts backen.

Zum Servieren die Donuts auf einer großen Servierplatte anrichten und mit reichlich Honig beträufeln. Wer es mag, verteilt darüber eine Handvoll geröstete Pinienkerne.

SWEET-CHILI-BRUFFINS

Ergibt 12 Stück

350 g Mehl (Type 550)
2½ TL Backpulver (oder Natron)
1 große Prise schwarzer Pfeffer aus der Mühle
1 große Prise Salz
180 g Gruyère, gerieben
250 g Milch
50 g Sweet-Chili-Sauce
1 Ei
130 g junger Blattspinat
4 Frühlingszwiebeln, in feine Ringe geschnitten
2 Chilischoten, fein gehackt
1 große Knoblauchzehe, gehackt

Diese Bruffins (Brot-Muffins mit einer Menge Käse) sind meine Geheimwaffe gegen den Kater. Na gut, nicht sehr geheim, immerhin habe ich sie schon öfter für Freunde gemacht, wenn aus einem netten Abendessen doch noch eine lange Nacht wurde. Das ist der ganze Zauber: etwas Frühlingszwiebel und Knoblauch, ein paar große Handvoll Blattspinat und reifer Käse und ein großer Schuss Sweet Chili Sauce. Funktioniert immer!

Sie sind im Winter auch eine tolle Beilage für Abendessen vor dem Fernseher mit einem großen Teller Suppe.

Den Backofen auf 170 °C vorheizen.

In einer großen Schüssel Mehl, Backpulver, Pfeffer, Salz und geriebenen Gruyère verrühren.

In einer weiteren Schüssel Milch, Chilisauce und Ei vermischen und über die Mehlmischung gießen. Mit einem Kochlöffel aus Holz glatt rühren.

Blattspinat, Frühlingszwiebeln, gehackte Chilischoten und gehackten Knoblauch hinzugeben. Der Teig wird ziemlich dick, und ich finde, man verknetet ihn am liebsten mit den Händen. Anschließend auf ein gefettetes Muffinblech mit 12 Vertiefungen verteilen und die Muffins im Ofen 35 Minuten backen.

Nach dem Backen aus der Form nehmen und auf einem Kuchengitter etwas abkühlen lassen.

FRAISIER

ZITRONENBAISER-
TARTE

SCHOKOTORTE MIT
DREIERLEI SCHOKOMOUSSE

PISTAZIEN-KIRSCH-
TORTE

CHEESECAKE
MIT ROHRZUCKER
UND ZUCKERNÜSSEN

CHARLOTTE
„PFIRSICH MELBA“

SCHNELLER
SCHOKO-
FONDANT-KUCHEN

KIRSCH-
CLAFOUTIS

(FÜR STRAHLENDE TAGE UND LAUE NÄCHTE)

5

AUF DEM TISCH der gestürzte Ananaskuchen mit den golden glänzenden Ananasringen und Kirschen so rot, als wären sie eingefärbt. Dazu Vanillepudding-Lutscher und Bonbonketten. Und Luftballons in Regenbogenfarben. All dies bedeutete Geburtstag für mich.

Als ich älter wurde, tauschte ich den Saft gegen Champagner, und die Schmetterlings-Maske wich dem Katzenaugen-Eyeliner. Am Geburtstag trage ich mein liebstes Sommerkleid, das flattert, wenn ich mich drehe. Und genau darum geht es: ums Tanzen, Drehen, Springen, Fallenlassen und Küssen. Alles dreht sich. Ein bisschen wie beschwipst.

Wir trinken Bier bei Sonnenuntergang und Tequila, wenn uns die Glühwürmchen umschwirren. Wir liegen im Gras, lachen, weinen vielleicht auch ein bisschen. Aber das ist in Ordnung, denn der Geburtstag ist ein besonderes Fest. Da werden Geschichten erzählt, ich habe meine liebsten Menschen um mich, und ich weiß wieder, wie es ist zu lachen, bis man nicht mehr kann.

Da ist Glitter im Schwimmbecken und auf (und in) meinen Augen. Vielleicht auch auf dem Kuchen, der auf dem Tisch steht. Er strahlt vor lauter Kerzen. Wir essen ihn mit den Fingern, kaum dass er aufgeschnitten ist. Er schmeckt wie ein Traum.

FRAISIER

Für 8–10 Personen

FÜR DIE BISKUITMASSE
3 Eier
75 g feiner Kristallzucker
75 g gesiebtes Mehl (Type 550)

FÜR DEN SIRUP
250 g Wasser
175 g feiner Kristallzucker

FÜR DIE CRÈME PÂTISSIÈRE
500 g Vollmilch
3 Vanilleschoten
4 Eigelb
125 g feiner Kristallzucker
50 g Speisestärke

FÜR DIE CRÈME MOUSSELINE
150 g weiche Butter
1 Portion Crème pâtissière (siehe oben)
Puderzucker zum Bestreuen

500 g Erdbeeren,
gewaschen, geputzt und halbiert

Fraisier ist im Französischen sowohl die Pflanze – die Gartenerdbeere – als auch eine herrliche Schichttorte. Am Pflanzen von Erdbeeren habe ich mich immer wieder versucht – mit wechselndem Erfolg. Die Torte gelingt hingegen immer.

Zu Hause gab es sie als Sonntagsdessert im Anschluss an diverse Arten Brathähnchen, sobald auf dem Bauernmarkt die Erdbeeren wie Edelsteine von den Marktständen leuchteten. Und natürlich zu meinem Geburtstag, der auf Anfang Mai fällt, genau zu Beginn meiner liebsten Jahreszeit.

Die Zubereitung ist nicht schwierig. Beginnen Sie mit der Crème pâtissière

Den Backofen auf 180 °C vorheizen. Ein Backblech mit Backpapier auslegen und einen Dessertring mit 20 cm Durchmesser daraufstellen.

Für die Biskuitmasse Eier und Zucker in einer hitzebeständigen Schüssel schaumig rühren. Dann über einem Topf mit köchelndem Wasser sanft weiterschlagen, bis die Masse warm ist. Sie sollte um die 50 °C haben, aber ich nehme statt eines Backthermometers meist den kleinen Finger: Wenn Sie nach ein paar Sekunden Wärme spüren, ist die Masse fertig.

Vom Herd nehmen und 3 weitere Minuten kräftig schlagen oder in der Küchenmaschine auf hoher Stufe rühren. Dann auf niedrigere Stufe stellen und weiterrühren, bis die Masse abgekühlt ist. Sie sollte glänzend und dickflüssig sein und viele winzige Luftblasen enthalten.

Unter Rühren das Mehl unterheben, bis keine Klumpen mehr erkennbar sind. Die Masse sollte immer noch relativ steif und schaumig sein.

Die Masse in den vorbereiteten Dessertring füllen und im Ofen etwa 18–20 Minuten backen, bis der Biskuit fest, aber elastisch ist und bei Berührung leicht nachgibt. Herausnehmen und vollständig abkühlen lassen, dann mit einem kleinen Schälmesser den Rand vom Dessertring lösen und

und dem Biskuitboden, die beide eine gewisse Zeit zum Abkühlen benötigen. Wenn der Biskuit nach dem Backen abgekühlt ist, lösen Sie ihn aus der Form, indem Sie mit einem kleinen scharfen Messer an der Innenseite entlangfahren. Nicht immer ganz leicht, aber kein Grund zur Sorge. Versuchen Sie es einfach, Sie werden dafür mit einer köstlichen Torte belohnt!

den Ring abheben. Den Biskuit beiseitestellen oder fest in Frischhaltefolie gewickelt bis zu 1 Monat im Tiefkühlgerät aufbewahren.

Für den Sirup Wasser und Zucker in einem Topf zum Kochen bringen, anschließend abkühlen lassen und in einem verschlossenen Behälter im Kühlschrank aufbewahren – er hält bis zu 1 Woche.

Die Crème pâtissière kann bis zu 3 Tage im Voraus zubereitet werden. Mit einem scharfen Messer die Vanilleschoten der Länge nach halbieren und das Mark herauskratzen. Milch, Vanilleschoten und -mark in einem mittelgroßen Topf bei mittlerer Temperatur aufkochen.

In einer Schüssel Eigelbe und Zucker gut verquirlen, dann die Speisestärke unterrühren. Die aufgekochte Milch vom Herd nehmen, die Schoten entfernen und unter ständigem Rühren ein Drittel der Milch vorsichtig zur Eimischung gießen. Das ist der wichtigste Schritt bei der Crème – so werden die Eigelbe auf Temperatur gebracht und flocken nicht aus.

Die Eimischung zur restlichen Milch in den Topf gießen, zurück auf den Herd stellen und unter ständigem Rühren sanft erwärmen, bis die Creme kocht und eindickt.

Ein paar Minuten köcheln lassen, dann in einen Kunststoffbehälter füllen und mit Frischhaltefolie abdecken, damit sich keine Haut bildet. Im Kühlschrank mindestens 4 Stunden kühl stellen.

Nun kann der Kuchen fertig zubereitet werden: Einen Dessertring (20 cm Durchmesser) auf eine Servierplatte stellen und den Rand mit einem 6 cm breiten Streifen Acetatfolie oder Backpapier (65 x 6 cm) auskleiden.

Den Biskuitboden mit einem breiten Brotmesser quer durchschneiden und die obere Hälfte mit der Schnittfläche nach oben als Boden in den Dessertring legen. Großzügig mit Sirup bestreichen und rund um den Rand einen Ring aus Erdbeerhälften legen (sie sollten ungefähr gleich groß sein). Dann die Crème mousseline vorbereiten.

Dazu die Butter mit dem Handrührgerät locker schaumig rühren. In 3 Schritten insgesamt 600 g Crème pâtissière hinzufügen und jeweils gut unterrühren. Wenn die ganze Crème pâtissière untergerührt ist, weitere 5 Minuten rühren, bis die Crème mousseline fest und glänzend ist.

Wenn die Butter dabei wieder fest wird, einfach ein paar Sekunden über einem Topf mit köchelndem Wasser erwärmen und dann 1–2 Minuten weiterrühren. Wiederholen, bis sich die Butter vollständig aufgelöst hat und eine herrlich dicke Buttercreme entstanden ist.

Ein Drittel davon mit einer Palette auf dem Biskuitboden und dem Erdbeerring verstreichen. Mit einer gleichmäßigen Schicht Erdbeerhälften belegen und darüber die restliche Crème mousseline verteilen. Die Oberfläche mit der Palette glatt streichen. Die zweite Biskuithälfte mit der Schnittfläche nach unten drauflegen und sanft festdrücken. Die Biskuitoberfläche großzügig mit Sirup bestreichen.

Die Torte mindestens 4 Stunden oder bis zu 1 Tag kühl stellen.

Dann vorsichtig den Ring abheben und Folie oder Backpapier ablösen. Die Torte zum Servieren mit Puderzucker bestreuen.

UNTERHEBEN

IM KÜCHENJARGON BEDEUTET DAS MEIST, ZWEI VORBEREITETE MISCHUNGEN ZU VERMENGEN, OHNE DASS DIE MASSE ZUSAMMENFÄLLT. DAS GESCHIEHT ENTWEDER MIT EINEM SCHNEEBESEN ODER MIT EINEM GUMMI-TEIGSCHABER. ICH FINDE, MIT DEM SCHNEEBESEN GEHT ES SCHNELLER, ABER AM BESTEN ÜBT MAN MIT DEM SPATEL, BEVOR MAN ZUM SCHNEEBESEN GREIFT.
DIE RICHTIGE HANDBEWEGUNG: BEGINNEN SIE IN DER MITTE DER SCHÜSSEL – DAS SAGE ICH IMMER WIEDER, FRAGEN SIE MEINE JUNGKÖCHE – UND ARBEITEN SIE VON DORT NACH OBEN ZUM SCHÜSSELRAND, DABEI DIE SCHÜSSEL GEGEN DEN UHRZEIGERSINN DREHEN. SOBALD SICH DIE SCHLIEREN DER UNTERGEHOBENEN MASSE AUFGELÖST HABEN, MIT DEM RÜHREN AUFHÖREN. SONST NIMMT MAN DIE LUFT AUS DEM TEIG, UND ER FÄLLT ZUSAMMEN.

ZITRONEN-BAISER-TARTE

Für 10–12 Personen

FÜR DAS ZITRONEN-SHORTBREAD
100 g Butter in Würfeln
40 g Puderzucker
Eigelb von einem hartgekochten Ei, fein gerieben
abgeriebene Schale von 2 unbehandelten Zitronen
100 g Mehl (Type 550)
2 EL Speisestärke
½ TL Meersalz

FÜR DIE ZITRONENCREME
200 g feiner Kristallzucker
fein abgeriebene Schale von 3 unbehandelten Zitronen
4 Eier (Größe L)
180 g frisch gepresster Zitronensaft (von 4–5 Zitronen)
300 g weiche Butter in Würfeln

FÜR DEN ZITRONENSCHAUM
120 g gemahlene Mandeln
80 g feiner Kristallzucker
2 Eier
1 Eigelb
2 EL Speisestärke
abgeriebene Schale und Saft von 1 unbehandelten Zitrone

FÜR DAS BAISER
2 Eiweiß
185 g feiner Kristallzucker
5 g Trockeneiweiß (nach Belieben)
50 g Wasser

Diese Tarte ist eins der Lieblingsdesserts meiner Schwester. Eines Tages, als ich noch bei Pierre Hermé in Paris arbeitete, erzählte ich ihr, wie gut seine Zitronencreme sei. Worum bat sie mich wohl, kaum dass ich das nächste Mal in Südfrankreich ankam?

Seitdem habe ich Dutzende Zitronenbaiser-Tartes gebacken. Manchmal für mein Restaurant, meistens für meine Schwester, aber jedes Mal mit der Zitronencreme (oder *Crémeux citron*) nach Pierre Hermé. So gut ist sie. Endlos cremig zergeht sie im Mund und hinterlässt dort einen Hauch frisch gepresster Zitronen.

Der Boden ist allerdings kein Mürbeteig, wie man erwarten würde, sondern ein krümeliger Shortbread-Teig, der die cremige Füllung herrlich ergänzt.

Zunächst für den Shortbread-Teig Butter mit Puderzucker, Eigelb und Zitronenabrieb einige Minuten schaumig schlagen. Dann Mehl, Speisestärke und Salz unterrühren, bis ein glatter Teig entsteht.

Den Teig zwischen zwei Lagen Backpapier etwa 4 mm dick ausrollen und im Kühlschrank mindestens 30 Minuten oder bis zu 3 Tage kalt stellen.

Für die Zitronencreme Zucker und Zitronenschale in einer großen hitzebeständigen Schüssel mit den Fingern verreiben, bis die Mischung feucht wird und nach Zitrone duftet. Die Eier und schließlich den Zitronensaft unterrühren.

Die Schüssel über einen Topf mit köchelndem Wasser stellen und mit einem Teigschaber gleichmäßig umrühren. Die Mischung auf 85 °C erhitzen – das dauert einige Zeit, also am besten das Radio einschalten und weiterrühren, etwa 20–30 Minuten lang. Die Creme mit der richtigen Temperatur vom Herd nehmen und auf etwa 60 °C abkühlen lassen. Dann nach und nach die Butterwürfel hinzugeben und jeweils gut unterrühren.

Wenn die Butter aufgelöst ist, die Mischung mit dem Pürierstab etwa 8–10 Minuten glatt rühren. Das klingt nach einer langen Zeit, aber so wird die Creme erst so richtig zu-zart-um-wahr-zu-sein.

Die Creme in einen Behälter füllen, mit Frischhaltefolie bedecken und über Nacht oder bis zu 3 Tage kühl stellen.

Für die Zubereitung der Tarte (am Tag des Servierens) den Backofen auf 160 °C vorheizen und einen Dessertring (24 cm) buttern.

Den vorbereiteten Kuchenboden im Backpapier auf ein Backblech legen, die obere Schicht Backpapier entfernen und den Kuchen 18–24 Minuten goldbraun backen. Herausnehmen und sofort mit dem Dessertring einen runden Kuchenboden ausstechen. Etwas abkühlen lassen, Teigränder entfernen und den Ring um den Kuchenboden belassen.

Während der Kuchenboden abkühlt, für den Zitronenschaum alle Zutaten bis auf den Zitronensaft in einer großen Schüssel glatt rühren. Dann den Zitronensaft unterrühren. Die Masse in einen Spritzbeutel mit 9-mm-Tülle füllen und in einer Spirale von der Mitte bis zum Rand auf den Shortbread-Boden aufbringen.

Den Kuchen mit dem Zitronenschaum im Ofen 8 Minuten backen, vollständig abkühlen lassen und den Dessertring abheben. Zwei Paletten unter den Teigboden schieben und die Tarte auf einen großen Teller heben. Vorsicht, denn sie ist krümelig und brüchig!

Die Zitronencreme in einen Kunststoff-Spritzbeutel mit 10 mm breiter Tülle füllen und wie beim Schaum eine Spirale von innen nach außen auf den Kuchen setzen. Dieses Mal einen etwa 1 cm breiten Rand frei lassen. Die Tarte anschließend kühl stellen und inzwischen das Baiser vorbereiten.

Eiweiße mit einer Prise Salz in der Küchenmaschine auf niedriger Stufe schaumig schlagen, dann 35 g vom Zucker hinzugeben, auf höhere Stufe stellen und steif schlagen. Bei niedriger Stufe weiterrühren und währenddessen den Sirup vorbereiten.

Dazu das Wasser und den restlichen Zucker in einem kleinen Topf bei mittlerer Temperatur auf 115 °C erwärmen.

Die Küchenmaschine auf niedriger Stufe halten und den kochenden Sirup entlang des Schüsselrandes dazugießen, so dass er sich mit dem Eischnee vermischt. Dann auf hoher Stufe weiterschlagen, bis der Sirup verteilt und die Schüssel bei Berührung nicht mehr heiß ist.

Die Baisermischung in einen Spritzbeutel mit 15 mm breiter Tülle füllen und Häufchen auf die Zitronencreme setzen. Mit einer kleinen Palette die Spitzen in Form bringen.

Die Baiserspitzen mit dem Flambierbrenner leicht karamellisieren.

Die Tarte hält 1 Tag im Kühlschrank, aber am besten schmeckt sie frisch.

SCHOKOTORTE MIT DREIERLEI SCHOKOMOUSSE

Für 10–12 Personen

FÜR DIE BISKUITMASSE
120 g Zartbitterschokolade
60 g Butter
2 Eier
100 g feiner Kristallzucker
1 TL gemahlene Mandeln

FÜR DIE CRÈME ANGLAISE
270 g Vollmilch
6 Eigelb
60 g feiner Kristallzucker

FÜR DIE DUNKLE SCHOKOMOUSSE
1⅓ Blätter Gelatine
⅓ Portion Crème anglaise (vom Rezept oben)
80 g Zartbitterschokolade (70 % Kakao),
grob gehackt
160 g gekühlte geschlagene Sahne

FÜR DIE MILCHSCHOKO-MOUSSE
1½ Blätter Gelatine
⅓ Portion Crème anglaise (vom Rezept oben)
80 g Milchschokolade (40 % Kakao),
grob gehackt
190 g gekühlte geschlagene Sahne

FÜR DIE WEISSE SCHOKOMOUSSE
2 Blätter Gelatine
⅓ Portion Crème anglaise (vom Rezept oben)
80 g weiße Schokolade,
grob gehackt
190 g gekühlte geschlagene Sahne

ZUM GARNIEREN
100 g Zartbitterschokolade (70 % Kakao),
fein gerieben

GELATINE LEICHT GEMACHT IN 3 SCHRITTEN

1. IMMER EISKALTES WASSER VERWENDEN.
2. GELATINEBLÄTTER EINZELN IN DAS WASSER EINLEGEN – NICHT UMGEKEHRT (SONST HABEN SIE SCHON MEINE STIMME IM OHR: „NEEEEIIN!“).
3. DEN BEHÄLTER MIT DER GELATINE KÜHL STELLEN, BIS SIE SIE WEITERVERARBEITEN. SIE BRAUCHT ETWA 5 MINUTEN, UM WEICH ZU WERDEN, ABER AM BESTEN SIND 20 MINUTEN EINWEICHZEIT, UM DIE GELIERFÄHIGKEIT ZU OPTIMIEREN.

Diese klassische Torte sieht mit ihren vielen Schichten und der geriebenen Schokolade als Verzierung umwerfend aus. Sie ist bei Geburtstagen unheimlich beliebt – weil sie einfach zu machen ist und bei den Schokosüchtigen im Freundeskreis immer gut ankommt.

Der Boden besteht aus einer Biskuitmasse ohne Mehl. Darauf kommen drei verschiedene Sorten Schokomousse, die jeweils in knapp zehn Minuten fertig verrührt sind. Nur das Kühlen nimmt etwas Zeit in Anspruch.

Das Beste aber ist: Die Torte lässt sich wunderbar vorbereiten, auch lange vor dem großen Tag. Sie hält tiefgefroren bis zu einem Monat.

Den Backofen auf 170 °C vorheizen und ein Backblech mit Backpapier auslegen.

Zuerst für die Biskuitmasse die Schokolade mit der Butter in einer hitzebeständigen Schüssel über köchelndem Wasser zerlassen und beiseitestellen.

Eier und Zucker schaumig schlagen. Die gemahlenen Mandeln hinzugeben, dann die zerlassene Schokolade mit einem Teigschaber untermengen. Die Masse etwa 1 cm dick auf dem vorbereiteten Backblech verteilen.

Im vorgeheizten Backofen etwa 8 Minuten backen, dann auf einem Kuchengitter abkühlen lassen und mit Frischhaltefolie bedeckt mindestens 1 Stunde tiefkühlen.

Den gefrorenen Boden herausnehmen, die Frischhaltefolie entfernen und vorsichtig das Backpapier ablösen. Mit einem Dessertring (22 cm Durchmesser) einen runden Boden ausstechen, den Metallring auf ein mit Backpapier ausgelegtes Backblech (das Platz im Tiefkühlgerät hat) legen und mit einem Streifen Acetatfolie oder Backpapier innen auskleiden. Den Biskuitboden hineinlegen und das Backblech zurück in das Tiefkühlgerät stellen.

Nun für die Schokomousses zunächst 550 g Sahne steif schlagen.
Die geschlagene Sahne im Kühlschrank aufbewahren. So ist die jeweils benötigte Menge Schlagsahne schon zur Hand, wenn sie für die Mousses gebraucht wird.

Jede Mousse wird auf die gleiche Art zubereitet. Zunächst die dunkle, die Milchschokolade und die weiße Schokolade jeweils in eine große Schüssel geben.

Die Gelatineblätter in 3 Schüsseln mit eiskaltem Wasser (siehe Seite 103) einweichen und inzwischen die Crème anglaise vorbereiten.

Dazu die Milch in einem kleinen Topf zum Kochen bringen. Eigelbe und Zucker in einer Schüssel verrühren und die aufgekochte Milch langsam unter Rühren dazugießen. Die Mischung zurück in den Topf füllen und bei niedriger Temperatur unter Rühren köcheln lassen, bis die Crème so weit eingedickt ist, dass sie zäh vom Löffel fließt oder eine Temperatur von etwa 80 °C erreicht (mit dem Küchenthermometer prüfen).

Je ein Drittel der heißen Crème anglaise in die Schüsseln mit Schokolade gießen und gut verquirlen, bis die Massen glatt und glänzend sind.

Die vorbereiteten Gelatineblätter ausdrücken und auf die 3 Mousse-Schüsseln verteilen. Gut verrühren.

Ab hier am besten eine Schokomousse nach der anderen fertig zubereiten. Mit der dunklen beginnen und inzwischen die beiden anderen über je einem Topf mit leicht köchelndem Wasser auf etwa 36 °C warm halten.

Von der gekühlten Schlagsahne 160 g abmessen und zunächst mit dem Schneebesen vorsichtig unter die dunkle Schokomousse heben, bis sie glatt ist. Dann mit dem Teigschaber die Mousse auf dem gefrorenen Biskuitboden verteilen. Das Backblech ganz leicht gegen die Arbeitsfläche schlagen, um die Mousse zu verteilen und die Oberfläche zu glätten. Die Torte wieder für mindestens 30 Minuten tiefkühlen und mit der zweiten Mousse fortfahren.

Die Milchschokolade-Mousse wie die dunkle Schokomousse zubereiten, als nächste Schicht auf die Torte aufbringen und die Torte weitere 30 Minuten tiefkühlen. Zum Schluss die weiße Schokolademousse zubereiten, auf der Torte verteilen und die fertig geschichtete Torte mindestens 2 Stunden tiefkühlen. Sie hält im Tiefkühlgerät bis zu 1 Monat.

Die Torte aus dem Tiefkühlgerät nehmen, vorsichtig den Dessertring abheben und die Acetatfolie oder das Backpapier entfernen. Die Torte auf eine Tortenplatte setzen und im Kühlschrank mindestens 4 Stunden auftauen lassen. (Wenn sie länger eingefroren war, über Nacht auftauen lassen.)

Vor dem Servieren mit geriebener Schokolade garnieren.

FANNYS PATISSERIE

PISTAZIEN-KIRSCH-TORTE

Für 10 Personen

FÜR DIE WEISSE SCHOKO-ZIMT-MOUSSE
2 Blätter Gelatine
150 g Vollmilch
⅛ TL gemahlener Zimt
2 Eigelb
1 EL feiner Kristallzucker
230 g weiße Schokolade, geschmolzen
200 g geschlagene Sahne

FÜR DIE PISTAZIEN-DACQUOISE
6 Eiweiß
200 g feiner Kristallzucker
240 g gemahlene Mandeln
190 g Puderzucker, gesiebt
4 EL Mehl (Type 550)
90 g geröstete Pistazien ohne Salz, grob gehackt

ZUM GARNIEREN
Puderzucker zum Bestäuben
400 g entkernte Kirschen
40 g blanchierte Pistazien, gehackt

So schmeckt mir diese Torte am besten: Ein Hauch Zimt in der weißen Schokoladenmousse sorgt für die perfekte Balance. Anstelle von Kirschen eignen sich auch andere Sommerfrüchte, Pfirsiche, Aprikosen oder gemischte Beeren.

Die Basis bildet eine Dacquoise (Mandel-Baiser): Dazu wird Eiweiß mit etwas Zucker verschlagen und dann einfach mit gemahlenen Mandeln und Puderzucker verrührt.

Die Gelatineblätter in kaltem Wasser einweichen.

Zunächst eine Crème anglaise zubereiten: Dazu die Milch mit Zimt in einem kleinen Topf bei mittlerer Temperatur zum Kochen bringen.

In einer Schüssel Eigelbe und Zucker schaumig rühren. Die kochende Milch langsam unter Rühren dazugießen, dann die gesamte Mischung zurück in den Topf füllen und bei niedriger Temperatur unter Rühren mit dem Teigschaber erwärmen, bis sie eine Temperatur von 80 °C erreicht oder zäh vom Löffel fließt.

Die Gelatineblätter ausdrücken und unter die Crème anglaise rühren.

Die Mischung über die geschmolzene Schokolade gießen und alles gut verrühren. Dann auf 30 °C abkühlen lassen – die Crème sollte lauwarm sein.

Zum Auflockern der Crème ein Drittel der geschlagenen Sahne unterrühren, dann nach und nach die restliche Sahne hinzugeben und zunächst mit dem Schneebesen unterheben, dann mit dem Teigschaber glatt rühren. Die Mousse in einen Kunststoff-Spritzbeutel füllen, diesen gut verschließen und mindestens 3 Stunden kühl stellen.

Inzwischen für die Pistazien-Dacquoise den Backofen auf 180 °C vorheizen. Einen Dessertring (24 cm Durchmesser) innen buttern und mit einem breiten Streifen Backpapier auskleiden. Auf ein mit Backpapier ausgelegtes Backblech stellen.

Die Eiweiße zu Schnee schlagen, dann in 3 Schritten den Zucker hinzugeben und jeweils gut unterrühren. Etwa 5 Minuten weiterschlagen, bis der Eischnee steif und glänzend ist und der Zucker sich aufgelöst hat.

In einer weiteren Schüssel die gemahlenen Mandeln mit Puderzucker und Mehl verrühren und anschließend vorsichtig unter den Eischnee heben.

Die Mischung in einen Kunststoff-Spritzbeutel mit 15 mm breiter Tülle füllen.

Die Dacquoise-Masse in einer Spirale von der Mitte zum Rand in den vorbereiteten Metallring spritzen. Darauf einen Ring aus 14–16 golfballgroßen Dacquoise-Häufchen setzen.

Mit reichlich gehackten Pistazien bestreuen und im Backofen 30 Minuten gleichmäßig goldbraun backen. Herausnehmen und auf einem Kuchengitter vollständig abkühlen lassen.

Den Dessertring abnehmen und vorsichtig das Backpapier ablösen. Die Dacquoise zum Anrichten auf eine große Tortenplatte setzen.

Zum Anrichten den Rand der Dacquoise mit Puderzucker bestreuen. Vom Spritzbeutel mit der Schokomousse die Spitze abschneiden und in einen weiteren Spritzbeutel mit 10 mm breiter Tülle geben.

Die Schokomousse in einer Spirale auf die Dacquoise spritzen, Kirschen darauf verteilen und die Torte mit Pistazien bestreuen. Wenn Schokomousse übrig bleibt, kann man hübsche Nocken abstechen und auf die Kirschen setzen – das sieht sehr feierlich und kunstvoll aus.

Die Torte vor dem Servieren bis zu 6 Stunden kühl stellen.

VERRÜCKT NACH NOCKEN?

NOCKEN ERINNERN AN RUGBYBÄLLE (KOMMT DER FORM AM NÄCHSTEN, DENKE ICH) UND WERDEN MIT EINEM ODER ZWEI LÖFFELN ABGESTOCHEN. NOCKEN FORMT MAN AUS EISCREME, MOUSSE ODER AUCH SALZIGEN MASSEN. TAUCHEN SIE DEN LÖFFEL VOR DEM ABSTECHEN IN HEISSES WASSER, DANN GELINGEN DIE NOCKEN BESSER.

CHEESECAKE MIT ROHRZUCKER UND ZUCKERNÜSSEN

Für 8–10 Personen

FÜR DEN TEIGBODEN
30 g gemahlene Haselnusskerne
150 g Vollkornkekse
90 g Butter, zerlassen

FÜR DIE CHEESECAKE-FÜLLUNG
450 g Doppelrahmfrischkäse
50 g feiner Kristallzucker
60 g dunkler Rohrzucker
1 Ei
1 Eigelb
170 g Crème double

FÜR DIE ZUCKERNÜSSE
300 g gemischte Nusskerne (z. B. Walnuss-, Pekannuss-, Mandel-, Haselnuss-, Macadamia- und Cashewkerne)
200 g feiner Kristallzucker
40 g Wasser
1 große Prise Meersalz

Dieser Cheesecake ist ideal für gemütliche Feiern mit fröhlichen Gesprächen am Kamin. Ich selbst habe ihn das erste Mal zum Geburtstag meiner Mutter gemacht, der Ende Oktober ist. Wir verbrachten ihn in einem alten Haus in Norditalien und hatten nichts anderes zu tun, als Kastanien und Haselnüsse zu sammeln, die wir abends über dem Feuer rösteten. Beim Schälen verbrannten wir uns die Finger.

Ich umwickelte damals eine alte Blechdose mit mehreren Schichten Alufolie und verrührte Eier mit rahmigem Frischkäse und wunderte mich, dass das Eigelb in Italien immer so viel goldgelber wirkte. Eine Handvoll Nusskerne habe ich geröstet und mit einer knusprigen Zuckerkruste umhüllt.

Den Backofen auf 100 °C vorheizen. Eine Springform (22 cm Durchmesser) mit Backpapier auslegen und mit zwei Schichten Alufolie umwickeln.

Ein Backblech mit Backpapier auslegen und die gemahlenen Haselnusskerne gleichmäßig darauf verteilen. Im vorgeheizten Backofen 8 Minuten goldbraun rösten und dabei gelegentlich schwenken. Herausnehmen und beiseitestellen.

Die Vollkornkekse in einen Gefrierbeutel füllen, verschließen und mit dem Nudelholz zu feinen Krümeln zerdrücken. Die zerkrümelten Kekse in einer Schüssel mit der zerlassenen Butter vermischen, die gemahlenen Haselnusskerne hinzugeben und alles zu einem dicken Teig verrühren.

Den Teig in die Springform füllen, gleichmäßig verteilen und mit dem Löffel festdrücken. Während der Zubereitung der Cheesecake-Füllung kühl stellen.

Den Frischkäse in einer großen Schüssel 1–2 Minuten verrühren, bis er geschmeidig ist und keine Klumpen mehr hat. Kristallzucker und Rohrzucker sowie Ei und Eigelb hinzugeben und gut verrühren. Vorsichtig die Crème double untermengen. Die Füllung auf dem Kuchenboden verstreichen und die Form auf ein tiefes Backblech stellen. Im Wasserkocher Wasser erhitzen und damit das Blech bis auf halbe Höhe der Springform füllen.

1 Stunde backen, bis die Käsemasse fest ist und an den Rändern bräunt. Ausschalten, die Backofentür öffnen und den Cheesecake darin 1 Stunde langsam abkühlen lassen. Danach auf einem Kuchengitter auf Zimmertemperatur abkühlen lassen und anschließend mindestens 4 Stunden oder besser über Nacht kühl stellen.

Vor dem Servieren die Zuckernüsse zubereiten.

Den Backofen auf 170 °C vorheizen. Ein Backblech mit Backpapier auslegen und die Nusskerne darauf verteilen. Im Ofen etwa 10 Minuten rösten, bis sie goldbraun sind, und anschließend ein wenig abkühlen lassen. Inzwischen den Sirup vorbereiten.

Zucker, Wasser und Salz in einem großen Topf bei mittlerer Temperatur erwärmen, bis die Mischung in der Mitte des Kochtopfs zu karamellisieren beginnt. Vom Herd nehmen, die Nusskerne dazugeben und mit einem Kochlöffel aus Holz rühren, bis der Sirup eine Zuckerkruste um die Nusskerne gebildet hat. Dann in einer Schüssel ganz abkühlen lassen.

Die Zuckernüsse auf dem gekühlten Cheesecake verteilen und bei Zimmertemperatur fest werden lassen. Jetzt sollte der Cheesecake nicht mehr kühl gestellt werden, weil sonst die Zuckernüsse klebrig werden.

CHARLOTTE „PFIRSICH MELBA“

Für 10–12 Personen

FÜR DIE POCHIERTEN PFIRSICHE
8 reife gelbe Pfirsiche
450 g feiner Kristallzucker
10 Blättchen Minze

FÜR DAS HIMBEERPÜREE
1 kg Himbeeren
100 g Puderzucker

FÜR DIE BISKUITMASSE
5 Eier, Eigelb und Eiweiß getrennt
150 g feiner Kristallzucker
150 g gesiebtes Mehl (Type 550)
50 g Puderzucker zum Bestreuen

FÜR DIE HIMBEERMOUSSE
9 Blätter Gelatine
400 g Himbeerpüree (vom Rezept oben)
160 g feiner Kristallzucker
400 g Schlagsahne

ZUM ANRICHTEN
250 g Himbeeren

Wenn ich an die Sommerferien meiner Kindheit zurückdenke, fallen mir eine Menge wunderbarer Bilder ein. Wie wir uns alle in den Wohnwagen quetschten, ein fröhlicher Haufen samt Katze und Hund. Irgendwo machten wir Pause zum Grillen. Am Nachmittag erkundeten wir kleine Dörfer und ihre Terrassencafés.

Einen Sommer war ich versessen auf Pfirsich Melba. Drei Kugeln Vanilleeis, das auf der Zunge zergeht, durchzogen

Wasser in einem großen Topf zum Kochen bringen. Eine große Schüssel mit kaltem Wasser und Eiswürfeln füllen.

Die Pfirsiche halbieren und entsteinen. Wenn das Wasser kocht, die Pfirsichhälften für 15 Sekunden ins Wasser tauchen. Dann mit einem Sieblöffel sofort ins Eiswasser geben und einige Minuten ziehen lassen. Vorsichtig die Haut ablösen und die geschälten Pfirsichhälften bis zum Gebrauch zurück in kaltes Wasser legen.

Inzwischen den Sirup zubereiten. 1 Liter Wasser, Zucker und Minzeblätter in einem mittelgroßen Topf zum Kochen bringen.

Die Pfirsichhälften in den kochenden Sirup einlegen, mit einer Cartouche (siehe Seite 154) abdecken und 5 Minuten köcheln lassen. Vom Herd nehmen und auf Zimmertemperatur abkühlen lassen, dann kühl stellen.

von einem fruchtigen Himbeercoulis. Ein gelber Pfirsich, perfekt pochiert. Und das Ganze gekrönt von frischen Himbeeren, die nur darauf warteten, mit den Fingern gegessen zu werden. Im Lauf dieses Sommers haben viele dieser Eisbecher meine Finger und Lippen himbeerrot gefärbt.

Heute esse ich Pfirsich Melba nicht mehr sehr oft. Aber einmal jeden Sommer backe ich diese Charlotte mit dem Lieblingsgeschmack meiner Kindheit – das ist zur Tradition geworden.

Während die Pfirsiche im Kühlschrank abkühlen, das Himbeerpüree vorbereiten. Die Himbeeren und den Puderzucker mit dem Pürierstab 5 Minuten pürieren und anschließend durch ein feinmaschiges Sieb streichen. Das ergibt etwa 500 g Püree. In einer Schüssel mit Frischhaltefolie abdecken und bis zum Gebrauch kühl stellen.

Ein kleines Backblech (das Platz im Tiefkühlgerät hat) mit Backpapier auslegen und einen Dessertring (20 cm Durchmesser) daraufstellen.

Wenn die Pfirsiche gut gekühlt sind, 6 Pfirsichhälften würfeln und mit 100 g vom Himbeerpüree vermengen. Die Mischung in einer gleichmäßigen Schicht im Dessertring auf dem Backpapier verteilen und mindestens 4 Stunden oder über Nacht tiefkühlen. Die restlichen Pfirsichhälften kühl stellen.

Wenn die Pfirsichdecke gefroren ist, die Biskuitmasse zubereiten. Den Backofen auf 170 °C vorheizen.

2 große Bögen Backpapier vorbereiten, mit einem dicken Stift auf dem einen Bogen einen Kreis mit 18 cm Durchmesser und auf dem anderen drei Rechtecke von 8 x 30 cm im Abstand von mindestens 4 cm aufzeichnen. Die Bögen mit den Linien nach unten auf 2 Backbleche legen.

In einer großen Schüssel die Eigelbe mit der Hälfte des Zuckers 5 Minuten schaumig rühren. In einer weiteren Schüssel die Eiweiße schaumig schlagen, dann unter Rühren in kleinen Mengen den restlichen Zucker hinzugeben und die Mischung steif schlagen.

Ein Drittel des Eischnees zur Eigelbmasse geben und mit dem Teigschaber locker unterheben, dann die Masse vorsichtig mit dem restlichen Eischnee verrühren.

Mehl unterheben, bis keine Klumpen mehr sichtbar sind.

Die Masse in einen Spritzbeutel mit 10 mm großer Tülle füllen und die Ecken der Backpapierbögen mit je einem Klecks Teig am Backblech fixieren.

Mit dem Spritzbeutel in den gezeichneten Kreis von innen nach außen eine Spirale spritzen. Das wird der Boden der Charlotte.

Nun auf dem zweiten Blech die 3 Streifen spritzen, die den Rand der Charlotte bilden: In einer Ecke eines vorgezeichneten Rechtecks beginnen und in einem Winkel von 45 Grad Löffelbiskuits nebeneinander spritzen. Sie sollen sich berühren, so dass das Rechteck ausgefüllt ist und ein zusammenhängender Streifen entsteht. Mit den restlichen Rechtecken wiederholen.

Den Kreis und die 3 Streifen mit Puderzucker bestreuen, 10 Minuten stehen lassen und erneut bestreuen. Dann im Backofen etwa 12 Minuten backen, bis der Teig fest und goldbraun ist und bei Berührung nachgibt. Aus dem Ofen nehmen und vollständig abkühlen lassen, dann auf eine saubere, trockene Arbeitsfläche stürzen und das Backpapier ablösen.

Einen Dessertring mit 22 cm Durchmesser auf eine Tortenplatte stellen und den Biskuitkreis hineinsetzen.

Mit einem scharfen Messer die breiten Seiten der Biskuitstreifen gerade schneiden. Bei Bedarf die Längsseiten zuschneiden, so dass der Rand der Charlotte dieselbe Höhe hat.

Den ersten Streifen mit der gezuckerten Seite nach außen an die Innenseite des Dessertrings drücken, so dass er fest anliegt. Mit dem nächsten Streifen eng anschließen. Die Länge der Lücke abmessen und den dritten Streifen so zuschneiden, dass er etwas länger als die Lücke ist. In die Lücke drücken, so dass der Biskuitrand gut abgeschlossen ist. Beiseitestellen und die Himbeermousse vorbereiten.

Die Gelatineblätter etwa 20 Minuten in eiskaltem Wasser einweichen.

400 g vom gekühlten Himbeerpüree in eine große Schüssel füllen.

Das restliche Püree mit Zucker in einem Topf bei niedriger Temperatur erwärmen, bis der Zucker schmilzt. Die Gelatine ausdrücken, in das heiße Püree geben und rühren, bis sie sich auflöst.

Das kalte Himbeerpüree damit übergießen und gut verrühren, dann ein wenig abkühlen lassen.

Die Sahne in einer großen, gekühlten Schüssel steif schlagen. Ein Drittel davon unter das Himbeerpüree rühren. Die restliche Sahne zunächst mit dem Schneebesen, dann mit dem Teigschaber unterheben. Die Hälfte der Mousse in den mit Teig ausgelegten Dessertring füllen.

Die gefrorene Pfirsichdecke aus dem Tiefkühlgerät nehmen, den Dessertring abnehmen und das Backpapier lösen. Den Pfirsichkreis vorsichtig auf die Himbeermousse setzen und die restliche Mousse auf den Pfirsichen verteilen.

Die Charlotte lose mit Frischhaltefolie abdecken und mindestens 6 Stunden oder über Nacht kühl stellen.

Unmittelbar vor dem Servieren vorsichtig den Dessertring abheben. Die restlichen Pfirsichhälften in Spalten schneiden. Die restlichen Himbeeren und die Pfirsichspalten auf der Himbeermousse verteilen. Die Charlotte kalt servieren. Dazu passt Vanilleeis.

ARTISAN

SCHNELLER SCHOKO-FONDANT-KUCHEN

Für 12 Personen

100 g Zartbitterschokolade (70 % Kakao), grob gehackt
120 g Butter in Würfeln
4 Eier
200 g feiner Kristallzucker
60 g Mehl (Type 550)

Manchmal bleibt kaum Zeit zum Backen, aber ein Geburtstag ohne Geburstagskuchen ist einfach undenkbar. Dann ist dieser Schoko-Fondant-Kuchen ideal. Vom ersten Handgriff bis zum fertigen Kuchen dauert es kaum eine Stunde.

In meinem Notizbuch heißt er „der perfekte Schokokuchen". Und glauben Sie mir, das ist er auch: eine knusprige, fast schon spröde Kruste und innen weich, dunkel und köstlich.

Er ist übrigens auch ideal für zwischendurch, wenn eine Dosis Schokolade gefragt ist. Aber das nur nebenbei ...

Den Backofen auf 170 °C vorheizen und eine runde Kuchenform mit 20 cm Durchmesser großzügig buttern.

Schokolade und Butter zusammen in einem Topf bei niedriger Temperatur zerlassen und dabei gelegentlich mit dem Teigschaber umrühren.

Eier und Zucker in einer hitzebeständigen Schüssel über köchelndem Wasser einige Minuten verschlagen, um sie auf etwas mehr als Zimmertemperatur zu erwärmen. Dann vom Herd nehmen, die zerlassene Schokolade in die Eimasse gießen und mit dem Teigschaber untermengen.

Langsam das Mehl hinzugeben und die Masse glatt rühren.

Die Masse in die vorbereitete Kuchenform füllen und 20–25 Minuten backen, bis der Kuchen innen gerade fest ist. Herausnehmen, kurz abkühlen lassen. In Stücke schneiden, mit großen Kugeln Eiscreme und so vielen Kerzen wie möglich servieren.

KIRSCH-CLAFOUTIS

Für 10 Personen

200 g Mehl (Type 550)
120 g feiner Kristallzucker
1 Prise Salz
3 Eier
80 g Butter, zerlassen
400 g Vollmilch
500 g Kirschen, entsteint

Wenn ich von diesem Kuchen erzähle, dann immer mit Begeisterung – ich kann gar nicht anders. Er zählt zu meinen absoluten Lieblingsgerichten und ich habe das Rezept von meiner Großmutter. Ein unglaublich geschmeidiger Teig umhüllt fruchtige, leicht säuerliche Kirschen. Ich backe ihn am liebsten in den ersten Junitagen, wenn die Kirschen wie leuchtend rote Edelsteine in den Bäumen darauf warten, gepflückt zu werden.

Das Entsteinen ist ein bisschen mühsam. Überhaupt wird in Frankreich heftig darüber diskutiert, ob die Kirschen für Clafoutis entsteint sein sollen oder nicht. Ich entferne die Steine mit einem kleinen Schälmesser, weil der Kuchen so angenehmer zu essen ist. Je nach Jahreszeit eignen sich aber auch andere Früchte. Mein absoluter Geheimtipp für den Herbst sind in dünne Scheiben geschnittene Äpfel.

Ich esse Clafoutis zu jeder Tageszeit gern. Mit säuerlichem Joghurteis oder einem Klecks Crème fraîche ist es ein wunderbares Dessert.

Den Backofen auf 200 °C vorheizen und eine Tarteform (30 cm Durchmesser) großzügig buttern.

Mehl, Zucker und Salz in einer großen Schüssel vermengen. Die Eier nach und nach hineinschlagen und jeweils gut verrühren. Wenn die Masse geschmeidig ist, die zerlassene Butter einrühren. Dann schrittweise unter Rühren die Milch hinzugeben, damit keine Klumpen entstehen. Sollte die Masse noch klumpen, durch ein Sieb streichen.

Die entsteinten Kirschen auf dem Boden der Tarteform verteilen und vorsichtig mit der Masse übergießen. Den Kuchen im Ofen 30 Minuten backen, bis er goldbraun und fest ist. Er darf innen noch etwas weich und nachgiebig sein, aber bei der Garprobe sollte kein Teig mehr haften bleiben.

Herausnehmen, abkühlen lassen und in großen Stücken servieren.

0

GEEISTER JOGHURT
(EIN BISSCHEN WIE NOUGAT)
MIT PFIRSICH IN MET

PISTAZIENNOUGAT

FRISCHE ERDBEEREN
À LA PIMM'S & LIMONADE

KÜRBISKUCHEN EINMAL ANDERS

GEBRATENE FEIGEN,
VANILLERÜHRKUCHEN,
ZIEGENKÄSECREME &
OLIVENÖLGELEE

SCHOKOLADENEIS MIT CHILI,
AVOCADO & HORCHATASCHAUM

SOMMERDESSERT
MIT HOLUNDERBLÜTEN

FLAN PÂTISSIER
MIT SALZKARAMELL &
MILCHSCHOKOLADE

(DER PERFEKTE ABSCHLUSS EINES PERFEKTEN ABENDS)

6

ICH HATTE VERGESSEN, wie es ist, gemeinsam in den Himmel zu schauen, sich in Gedanken zu verlieren und sich bei jeder Sternschnuppe etwas zu wünschen.

Ich hatte vergessen, wie man Kuchenmasse mit dem Kochlöffel rührt, wie man Teig ohne Knethaken knetet, wie man ohne Küchenuhr bäckt und wie man mit seinen Fingern isst.

Und ich hatte vergessen, wie er mich zum Lächeln bringt, einfach weil er ist, wie er ist. Wie kalt es wird, wenn wir stundenlang auf den Stufen zum Garten sitzen und reden, über alles und nichts – na gut, eher alles als nichts –, dazu ein, zwei Bier und ein Stück Kuchen. Und genau das tun wir.

Wir schneiden und mixen, wir rühren und schlagen. Und wenn wir fertig sind und die Küche aussieht wie ein verwüstetes Mehllager und die Spüle sich wünscht, sie wäre weit fort, dann setzen wir uns gemeinsam um den Tisch.

Der Tisch ist aus aufgestellten Holzpaletten, gedeckt mit meinem Lieblingstischtuch. Das mit den Blumen in Kreuzstich, das meine Urgroßmutter vor vielen Jahren gestickt hat. Die Teller und die Gläser passen nicht zusammen, aber das macht nichts. Im Gegenteil, es gehört dazu.

Denn darum geht es nicht. Das Wichtigste liegt verborgen hinter all den süßen Dingen, die ich hier serviere. Es geht um mehr als nur Essen. Viel mehr. Und immer noch viel mehr.

KAPITEL 6

GEEISTER JOGHURT (EIN BISSCHEN WIE NOUGAT) MIT PFIRSICH IN MET

Für 6 Personen

FÜR DEN GEEISTEN JOGHURT
60 g feiner Kristallzucker
30 g Wasser
1 Eiweiß
125 g cremiger Joghurt
125 g Schlagsahne,
leicht geschlagen

FÜR DEN HONIGKARAMELL
150 g feiner Kristallzucker
60 g Glukosesirup
30 g Honig
30 g Wasser
1 TL Natron

FÜR DIE PFIRSICHE IN MET
6 reife gelbe Pfirsiche, halbiert und entsteint
60 g feiner Kristallzucker
2 EL Honig
250 g Met

ZUM GARNIEREN
Pistaziennougat (Seite 130) nach Belieben

Manche Dinge verändern sich nicht. Niemals. Und darüber bin ich wirklich froh.

So auch dieses Dessert. Dahinter stecken Kindheitserinnerungen ans Pfirsichpflücken im Obstgarten – mehr Essen als Pflücken, um ehrlich zu sein.

Aber wenn wir heimkamen, mit einem Kofferraum voll gepflückter Früchte, dann gab es zum Nachtisch immer ein Joghurtdessert mit Honigkaramell und saftigen Pfirsichen.

Vielleicht serviere ich es deshalb gern auf einem großen Teller – alle können zugreifen und es wird ordentlich gekleckert.

Für den geeisten Joghurt 6 Dessertringe (6 cm Durchmesser) auf ein mit Backpapier ausgelegtes Backblech setzen. Jeden Ring mit einem Streifen Acetatfolie oder Backpapier auskleiden.

Zunächst für den geeisten Joghurt in einem kleinen Topf bei mittlerer Temperatur Wasser und Zucker aufkochen. Wenn der Sirup eine Temperatur von 118 °C erreicht hat, das Eiweiß mit dem Handrührgerät oder in der Küchenmaschine zu Schnee schlagen und den Sirup unter Rühren langsam am Schüsselrand dazugießen, damit er nicht spritzt. Auf hoher Stufe weiterschlagen, bis der Eischnee steif und glänzend ist und die Schüssel bei Berührung warm ist.

In einer großen Schüssel den Joghurt leicht aufschlagen. Zunächst vorsichtig den Eischnee und dann die Sahne unterheben, bis alles gut vermengt ist.

Die Joghurtmousse in einen Spritzbeutel füllen, die Spitze abschneiden und die Mousse etwa 3 cm hoch in die Dessertringe füllen.
Mindestens 5 Stunden oder über Nacht tiefkühlen.

Inzwischen für den Honigkaramell ein Backblech mit Backpapier auslegen. In einem großen Topf Zucker, Glukosesirup, Honig und Wasser bei niedriger Temperatur köcheln, bis eine helle Karamellmasse entsteht. Vom Herd nehmen, Natron hinzugeben und mit einem Kochlöffel aus Holz gut verrühren. Die Masse rasch auf dem vorbereiteten Backblech verteilen und vollständig abkühlen lassen. Die abgekühlte Karamelltafel in Stücke brechen und in einem luftdichten Behälter aufbewahren.

Den Backofen auf 160 °C vorheizen. Die Pfirsichhälften mit der Schnittfläche nach oben auf ein Backblech legen, mit Zucker bestreuen, mit Honig beträufeln und den Met darüber verteilen. Im Backofen 20 Minuten garen und etwa alle 4 Minuten den entstandenen Saft mit einem Löffel über den Früchten verteilen. Die Früchte auf einen großen Teller geben und bei Zimmertemperatur leicht abkühlen lassen.

Den Saft vom Blech in einem kleinen Topf bei hoher Temperatur aufkochen und dann 6–8 Minuten köcheln lassen, bis die Flüssigkeit sirupartig eindickt. Den Sirup gleichmäßig über den Pfirsichen verteilen.

Zum Anrichten das geeiste Joghurt aus den Dessertringen lösen und auf eine große Servierplatte setzen. Die gebratenen Pfirsiche rundherum verteilen und etwas Sirup darüberträufeln. Den Honigkaramell in kleine Stücke brechen und über Joghurt und Früchten verteilen. Nach Belieben mit kleinen Nougatstücken garnieren.

PISTAZIEN-NOUGAT

Ergibt 1 Blech Nougat

Puderzucker für das Blech
und zum Bestäuben

1 Eiweiß
260 g feiner Kristallzucker
125 g Honig
100 g Wasser
50 g Glukosesirup
150 g blanchierte Pistazien

Es gibt Dinge, an deren Zubereitung man sich nicht so recht herantraut. Nougat ist eines davon. Ja, man hat mit heißem Honig und heißem Sirup zu tun, und das Ganze ist eine klebrige Angelegenheit. Aber den Großteil der Arbeit erledigt die Küchenmaschine.

Dieses Rezept stammt nicht von meiner *grand-mère,* die es ohne Abwiegen der Zutaten zuzubereiten scheint (eines von vielen Großmutterwundern), sondern von meiner Freundin „E“, die mit mir einige Jahre zusammen gearbeitet hat. Ich weiß noch, wie wir diesen Nougat zum ersten Mal gemeinsam machten – wir verwandelten die Küche in ein Puderzucker-Winterwunderland.

Der Rest ist Geschichte. Der Rest ist Nougat.

Ein Backblech mit Backpapier belegen und großzügig Puderzucker darüberstreuen.

Das Eiweiß in der Küchenmaschine auf niedriger Stufe schaumig rühren. 30 g Zucker hinzugeben und steif schlagen. Auf niedriger Stufe weiterschlagen und inzwischen den Sirup zubereiten.

In einem kleinen Topf den Honig auf 130 °C erhitzen. In einem zweiten Topf den restlichen Zucker mit Wasser und Glukosesirup auf 155 °C erhitzen. Die Küchenmaschine weiter auf niedriger Stufe laufen lassen und entlang des Schüsselrandes langsam den kochenden Honig zum Eischnee gießen. Die Geschwindigkeit ein wenig erhöhen und 1–2 Minuten weiterrühren. Wenn der Zuckersirup 155 °C erreicht hat, am Schüsselrand dazugießen. Die Küchenmaschine auf höchste Stufe stellen und so lange weiterrühren, bis sich die Rührschüssel warm anfühlt. Die Küchenmaschine ausschalten, die Pistazien in die Schüssel geben und mit einem Kochlöffel aus Holz unterrühren. Dann die Masse rasch auf dem vorbereiteten Backblech verteilen, mit Puderzucker bestreuen und mit einem Bogen Backpapier abdecken. Die Masse mit dem Nudelholz etwa 2 cm dick ausrollen und anschließend etwa 12 Stunden bei Zimmertemperatur abkühlen lassen. Zum Servieren in Quadrate oder in Streifen schneiden.

FRISCHE ERDBEEREN À LA PIMM'S & LIMONADE

Für 6 Personen

FÜR DIE PÂTE DE FRUIT MIT BASILIKUM
250 g Wasser
185 g feiner Kristallzucker
20 g Basilikumblätter, in kochendem Wasser kurz blanchiert und ausgedrückt
50 g Glukosesirup
9 g Pectine Jaune (gelbes Pektin)
15 g Zitronensäure
15 g Wasser

FÜR DIE VERZUCKERTEN BASILIKUMBLÄTTER
1 Eiweiß
Kristallzucker zum Wenden
6 kleine Blättchen Basilikum

FÜR DAS PIMM'S-LIMONADEN-SORBET
180 g Wasser
90 g feiner Zucker
100 g Glukosepulver
250 g Zitronenlimonade
120 g Pimm's-Likör

FÜR DAS ERDBEERCOULIS
900 g Erdbeeren
50 g Puderzucker

FÜR DIE GURKENLIMONADE
1 Gemüsegurke
500 g Zitronenlimonade
2 große Prisen Xanthan

Französischer Sommer, das sind Vormittage auf dem Markt, mit der obligatorischen Tasse Café au lait. Nachmittage im Garten beim Erdbeerenpflücken und Kräuterernten fürs Abendessen.

Und dann ist da der englische Sommer. Ein oder – mit etwas Glück – zwei Tage, die einen all die Grauschattierungen des restlichen Jahres vergessen lassen. Einen Tag lang nur im Gras liegen und die Wolken vorüberziehen sehen. Mit dem obligatorischen Krug Pimm's und Limonade. All das ist dieses Dessert. Auf einem Teller.

DIE PÂTE DE FRUIT MIT BASILIKUM

Ein Backblech mit einem großen Bogen Acetatfolie oder Backpapier auslegen.

Das Wasser mit 25 g Zucker in einem kleinen Topf zum Kochen bringen. Die Basilikumblätter in einen hohen Mixbehälter geben, das Zuckerwasser dazugießen und mit dem Pürierstab mixen. Anschließend durch ein mit Musselin ausgelegtes Sieb streichen.

Von dieser Mischung 250 g in einen kleinen Topf füllen und Glukosesirup dazugeben. Den restlichen Zucker in einer Schüssel mit Pektin verrühren und beiseitestellen. Den Basilikumsirup bei hoher Temperatur auf 40 °C erwärmen, dann mit dem Schneebesen die Zucker-Pektin-Mischung unterrühren. Bis auf 107 °C erhitzen und vom Herd nehmen. Die Zitronensäure mit dem Wasser verrühren und zum Sirup geben. Die Sirupmischung sofort auf der Acetatfolie oder dem Backpapier verteilen und bei Zimmertemperatur fest werden lassen.

Mit einem kleinen Messer die Pâte de fruit in lange, schmale Streifen schneiden und bis zum Gebrauch auf der Acetatfolie oder dem Backpapier lassen.

DIE VERZUCKERTEN BASILIKUMBLÄTTER

Das Eiweiß gerade schaumig rühren. Den Zucker in einer dünnen Schicht auf einem Teller verteilen.

Die Basilikumblätter nacheinander in das Eiweiß tauchen und überschüssiges Eiweiß mit den Fingern abstreifen. Dann im Zucker wenden, so dass die Blätter gleichmäßig bedeckt sind. Vorsichtig auf ein mit Backpapier ausgelegtes Backblech geben und über Nacht bei Zimmertemperatur trocknen lassen.

DAS PIMM'S-LIMONADEN-SORBET

Wasser mit Zucker und Glukosepulver aufkochen. Vollständig abkühlen lassen und dann Likör und Limonade unterrühren. Die Mischung in einen verschließbaren Behälter füllen und mindestens 4 Stunden oder über Nacht kühl stellen. Das Sorbet in der Eismaschine entsprechend der Anleitung gefrieren.

DAS ERDBEERCOULIS

500 g Erdbeeren und den Puderzucker mit dem Pürierstab glatt mixen. Durch ein feines Sieb streichen und kühl stellen. 1 Stunde vor dem Servieren die restlichen Erdbeeren halbieren und mit 200 g vom vorbereiteten Coulis vermischen. Bei Zimmertemperatur ziehen lassen.

DIE GURKENLIMONADE

Die halbe Gurke längs in 4 etwa 5 mm dicke Streifen schneiden und an den Rändern so zuschneiden, dass Rechtecke entstehen. In 300 g Limonade legen und zugedeckt mindestens 3 Stunden kühl stellen.

Die restliche Gurke entsaften und mit der restlichen Limonade vermischen. Vorsichtig das Xanthan einrühren, damit nicht zu viele Blasen entstehen. Bis zum Gebrauch kühl stellen.

ANRICHTEN

Mit einem Löffel ein wenig Erdbeercoulis links auf jeden Dessertteller geben und mit etwas Schwung quer über den Teller ziehen. Ein kleines Häufchen von den Erdbeeren in Coulis links auf den Teller geben.

Die eingelegten Gurkenstreifen sehr fein würfeln und über den Erdbeeren verteilen. Mit je einem verzuckerten Basilikumblatt und einem Streifen Pâte de fruit garnieren.

Aus dem Sorbet Nocken stechen und rechts auf die Teller setzen. Mit eingedickter Gurkenlimonade beträufeln.

KÜRBISKUCHEN EINMAL ANDERS

Für 8 Personen

FÜR DEN VOLLKORN-ZIMT-SHORTBREADTEIG
Eigelb von 1 hartgekochten Ei, fein gerieben
520 g Butter
180 g Puderzucker
1 TL Meersalz
1 TL gemahlener Zimt
300 g Weizenvollkornmehl
150 g Mehl (Type 550)
100 g Haferflocken
50 g Speisestärke

FÜR DIE KARAMELLISIERTE WEISSE SCHOKOLADE-GANACHE
300 g weiße Schokolade, gehackt
200 g Schlagsahne

FÜR DAS KÜRBISCONFIT
125 g feiner Kristallzucker
1 Vanilleschote
1 Zimtstange
220 g Wasser
1 Butternuss- oder ½ Riesenkürbis (etwa 1 kg)

FÜR DEN FRISCHKÄSESCHAUM
400 g Doppelrahmfrischkäse
220 g Wasser
120 g Puderzucker
Mark von 1 Vanilleschote
½ TL Meersalz

FÜR DIE KÜRBISCREME
300 g Kürbisfleisch, gewürfelt
4 Eigelb
2 Eier
60 g Muscovadozucker
½ EL gemahlener Zimt
½ EL Vanilleextrakt
Mark von ½ Vanilleschote
2 Blätter Gelatine
100 g weiche Butter

Ich erinnere mich noch an meinen allerersten Kürbiskuchen. Ich war wohl sechs oder sieben und wusste damals noch nicht, dass es diese simple Tarte einmal auf eine Speisekarte schaffen würde.

Inzwischen habe ich dieses Dessert unzählige Male gemacht. Wenn mir danach ist, serviere ich Kürbissorbet dazu. Oder ich ersetze den Zucker im Frischkäseschaum durch Ahornsirup.

Auch das Shortbread-Rezept habe ich unzählige Male verändert (und zum Tee ist es wirklich herrlich – egal zu welcher Tageszeit).

Manchmal füge ich Gelee, Seidenzucker oder alle möglichen anderen Extras hinzu. Was unbedingt dazugehört, ist der zarte, geschmeidige Frischkäseschaum. Dafür benötigen Sie einen Sahnesiphon. Ich finde, das zahlt sich aus.

DER SHORTBREAD-TEIG

Eigelb mit Butter, Puderzucker, Salz und Zimt in einer Schüssel locker flaumig rühren. Mehl, Vollkornmehl, Speisestärke und Haferflocken unterrühren. Die Mischung auf einem Bogen Backpapier verstreichen, mit einem zweiten Bogen bedecken und etwa 4 mm dick ausrollen. Im Backpapier auf ein Backblech legen und 30 Minuten tiefkühlen.

Den Backofen auf 150 °C vorheizen.

Das Shortbread aus dem Tiefkühlgerät nehmen und im Ofen etwa 18 Minuten goldbraun backen. In Stücke brechen, etwas abkühlen lassen und in einem luftdichten Behälter lagern.

DIE KARAMELLISIERTE WEISSE SCHOKOLADE-GANACHE

Den Backofen auf 160 °C vorheizen.

Die gehackte weiße Schokolade auf einem Backblech verteilen und im Ofen etwa 8 Minuten backen, bis sie goldbraun ist.

In einem kleinen Topf die Schlagsahne aufkochen. Vom Herd nehmen, die karamellisierte weiße Schokolade hinzugeben und glatt rühren. In einen kleinen Behälter füllen und einige Stunden oder über Nacht kühl stellen.

DAS KÜRBISCONFIT

In einem Topf bei mittlerer Temperatur den Zucker erwärmen und zu einer dunklen bernsteinfarbenen Masse karamellisieren lassen. Die Vanilleschote längs halbieren und mit der Zimtstange zum Karamell geben. Kurz umrühren, dann das Wasser dazugießen. Keine Sorge, wenn sich die Karamellmasse zusammenzieht! Nur weiter auf dem Herd lassen und langsam zum Kochen bringen, dann vom Herd nehmen und etwas abkühlen lassen. Inzwischen den Kürbis zubereiten.

Den Backofen auf 220 °C vorheizen.

Den Kürbis schälen und mit unterschiedlich großen Kugelausstechern kleine Kugeln ausstechen. Die Kugeln in eine Kuchenform (etwa 20 cm Durchmesser) legen.

Die Kürbiskugeln mit dem Sirup übergießen und im Ofen 1 Stunde backen. Regelmäßig wenden und mit dem Sirup übergießen. Herausnehmen, auf Zimmertemperatur abkühlen lassen und zugedeckt kühl stellen.

DER FRISCHKÄSESCHAUM

Für den Schaum alle Zutaten in einer großen Schüssel 1–2 Minuten glatt rühren. Die Mischung durch ein feines Sieb streichen und in den Sahnesiphon füllen. Eine Stickstoffkartusche einlegen und gut schütteln. Kühl stellen.

DIE KÜRBISCREME

Den Backofen auf 180 °C vorheizen. Die Kürbiswürfel auf einem Backblech verteilen und im Ofen etwa 30 Minuten weich rösten. Den gerösteten Kürbis mit dem Pürierstab pürieren. Beiseitestellen und ein wenig abkühlen lassen.

In einer hitzebeständigen Schüssel Eigelbe, Eier, Muscovadozucker, Zimt, Vanilleextrakt und Vanillemark verrühren. Unter Rühren das Kürbispüree hinzufügen. Die Schüssel auf einen Topf mit köchelndem Wasser stellen und die Creme unter gelegentlichem Rühren auf 84 °C erhitzen.

Die Gelatineblätter in eiskaltem Wasser einweichen. Wenn die Creme die richtige Temperatur erreicht hat, die Schüssel vom Herd nehmen, die Gelatine ausdrücken und hinzugeben. Butter hinzufügen und alles etwa 5 Minuten lang gut verrühren. Die fertige Creme in eine Schüssel füllen, mit Frischhaltefolie bedecken und einige Stunden kühl stellen, bis die Creme fest ist.

Die feste Creme zum Auflockern aufschlagen und in einen Spritzbeutel mit 12 mm breiter Tülle füllen.

ANRICHTEN

Ein Häufchen karamellisierte Schokolade-Ganache an den Rand jedes Tellers setzen und mit einem Löffel flach streichen.

Einen großen Klecks Kürbiscreme danebensetzen und einige Kugeln Kürbisconfit rundherum anordnen. Daneben den Frischkäseschaum spritzen – ich nehme meist nur eine kleine Menge, aber es schadet absolut nicht, wenn Sie mehr nehmen.

Das Shortbread in mundgerechte Stücke brechen und nach Belieben verteilen. Zum Abschluss je einen Löffel Kürbisconfit-Sirup rundherum träufeln.

FANNYS PATISSERIE

KAPITEL 6

GEBRATENE FEIGEN, VANILLERÜHRKUCHEN, ZIEGENKÄSECREME & OLIVENÖLGELEE

Für 4 Personen

FÜR DEN VANILLERÜHRTEIG
20 g Polenta (Maisgrieß)
1 gehäufter EL Mehl (Type 550)
55 g gemahlene Mandeln
½ TL Backpulver (oder Natron)
2 Eier
75 g feiner Kristallzucker
Mark von 3 Vanilleschoten
1 EL Vanilleextrakt
50 g Olivenöl

FÜR DIE GEBRATENEN FEIGEN
6 Feigen, halbiert
80 g Butter in Würfeln
Honig zum Beträufeln

FÜR DIE ZIEGENKÄSECREME
250 g Ziegenfrischkäse
100 g Schlagsahne
70 g Puderzucker

FÜR DAS OLIVENÖLGELEE
2 Blätter Gelatine
50 g Wasser
80 g feiner Kristallzucker
10 g Glukosesirup
100 g natives Olivenöl extra

FÜR DIE GERÖSTETEN PINIENKERNE
125 g Pinienkerne
1 TL Olivenöl
1½ TL Meersalz

Dieses Dessert ist schon fast überirdisch gut. Warme gebratene Feigen auf einem Kissen aus frischer Ziegenkäsecreme, dazu knusprig geröstete Pinienkerne und mein absoluter Liebling: ein bisschen Olivenölgelee.

Im Spätsommer, wenn frische Feigen überall erhältlich sind, ist es der Hit für Einladungen.

DER VANILLERÜHRKUCHEN

Den Backofen auf 180 °C vorheizen und eine Kastenform (1 Liter Inhalt) mit Backpapier auslegen. In einer kleinen Schüssel Polenta mit Mehl, gemahlenen Mandeln und Backpulver vermischen.

In einer weiteren, großen Schüssel Eier mit Zucker, Vanillemark und Vanilleextrakt 1 Minute schaumig schlagen. Die Mehlmischung hinzugeben und 1 weitere Minute rühren.

Ein Drittel der Masse kräftig mit Olivenöl verschlagen und unter die restliche Masse rühren.

Die Masse in die vorbereitete Form füllen und im Ofen 30–40 Minuten goldbraun backen, bis bei der Garprobe kein Teig mehr haften bleibt. Ein wenig abkühlen lassen und dann aus der Form nehmen.

DIE GEBRATENEN FEIGEN

Den Backofen auf 180 °C vorheizen. Die Feigen mit der Schnittfläche nach oben auf ein Backblech legen und jede Hälfte mit einem kleinen Stück Butter belegen. Mit Honig beträufeln und im Ofen etwa 18 Minuten garen. Herausnehmen und beiseitestellen.

DIE ZIEGENKÄSECREME

Alle Zutaten etwa 3 Minuten verrühren, bis eine locker-flaumige Mischung entsteht. Die Creme bis zum Gebrauch kühl stellen.

DAS OLIVENÖLGELEE

Die Gelatine in eiskaltem Wasser einweichen.

Wasser, Zucker und Glukosesirup in einem kleinen Topf aufkochen. Die Gelatineblätter ausdrücken, den Topf vom Herd nehmen und die Gelatine einrühren.

Langsam das Olivenöl dazugießen und dabei mit dem Schneebesen oder dem Handrührgerät ständig rühren, bis sich das Öl mit dem Gelee verbunden hat. In eine Frischhaltedose füllen und mindestens 2–3 Stunden kühl stellen.

DIE GERÖSTETEN PINIENKERNE

Eine kleine Bratpfanne bei hoher Temperatur erwärmen und die Pinienkerne darin ohne Fett rösten, bis sie bräunen und zu duften beginnen. Dabei ständig rühren.

Vom Herd nehmen, Olivenöl und Salz hinzugeben, gut vermischen und zum Abkühlen in eine Schüssel geben.

ANRICHTEN

4 Dessertteller vorbereiten. Je einen großen Klecks Ziegenkäsecreme auf die linke Tellerseite geben und mit einem Löffel in einem Halbkreis auf dem Teller verstreichen. Je 3 Feigenhälften auf die Creme setzen.

Mit den Fingern (so geht es am besten!) den Rührkuchen grob in etwa 4 cm große Stücke brechen und je 3 Stücke und dazu einige Krümel auf den Tellern verteilen. Mit je einer kleinen Handvoll Pinienkerne bestreuen. Das Gelee zum Auflockern umrühren und da und dort kleine Kleckse auf die Teller setzen.

SCHOKOLADENEIS MIT CHILI, AVOCADO & HORCHATASCHAUM

Für 4 Personen

FÜR DAS SCHOKOLADENEIS
400 g Vollmilch
100 g Schlagsahne
125 g feiner Kristallzucker
20 g Glukosepulver
20 g entrahmtes Milchpulver
5 g Stabilisator für Eiscreme
100 g Zartbitterschokolade (70 % Kakao), grob gehackt
20 g Bitterschokolade (100 % Kakao), grob gehackt

FÜR DIE AVOCADOCREME
2½ Blätter Gelatine
200 g Vollmilch
3 Eigelb
50 g feiner Kristallzucker
100 g Avocadofruchtfleisch, grob gehackt

FÜR DIE CHILIKONFITÜRE
100 g Wasser
50 g Glukosesirup
1 rote Chilischote, in feinen Ringen
50 g feiner Kristallzucker
1 TL Pektin
1 Prise Zitronensäure
oder 1 Spritzer Zitronensaft

FÜR DEN HORCHATASCHAUM
500 g Vollmilch
30 g feiner Kristallzucker
1 Stange Zimt
50 g Rundkornreis
100 g Schlagsahne

ZUM ANRICHTEN
Reiscrispies

Manchmal entstehen Desserts einfach nur, weil ich nach einem bestimmten Geschmack süchtig bin.

So auch dieses. Schokolade, Chili, Avocado und Horchata, mein absolutes Lieblingssommergetränk (stellen Sie sich Reismilch mit Zimtnote vor). Die Horchata kommt ursprünglich aus Spanien. Meine Mutter hat sie früher im Sommer flaschenweise zubereitet.

Der Geschmack ist schwer zu beschreiben. Ich würde sagen: Wenn Sie das gewisse Etwas suchen, wenn die Dämmerung in den Sternenhimmel übergeht, dann sind Sie damit genau richtig.

DAS SCHOKOLADENEIS

In einem mittelgroßen Topf Milch und Sahne auf 40 °C erhitzen. In einer kleinen Schüssel Zucker, Glukosepulver, Milchpulver und Stabilisator für Eiscreme vermischen. Unter Rühren zur Milchmischung geben und alles zum Kochen bringen. Die Schokolade in eine Schüssel geben und mit der heißen Milchmischung übergießen. Gut verrühren und in eine Frischhaltedose füllen. Mit Frischhaltefolie bedecken und mindestens 4 Stunden oder über Nacht kühl stellen. Einige Esslöffel zum Anrichten beiseitestellen und die restliche Masse in der Eismaschine entsprechend der Anleitung gefrieren.

DIE AVOCADOCREME

Die Gelatine in eiskaltem Wasser einweichen.

Die Milch in einem mittelgroßen Topf aufkochen. Eigelbe und Zucker schaumig schlagen und unter Rühren die heiße Milch dazugießen, dann alles zurück in den Topf geben und bei niedriger Temperatur erwärmen, bis die Masse 80 °C hat oder zäh vom Löffel fließt.

In eine Schüssel füllen. Die Gelatine ausdrücken und hinzugeben, dann das Avocadofruchtfleisch hinzufügen. Die Creme mit dem Handrührgerät glatt rühren und in Halbrundformen aus Silikon füllen. Über Nacht in das Tiefkühlgerät stellen. 1–2 Stunden vor dem Servieren aus der Form nehmen und auftauen.

DIE CHILIKONFITÜRE

Wasser mit Glukose und Chiliringen in einem kleinen Topf bei niedriger Temperatur zum Kochen bringen, vom Herd nehmen und 30 Minuten zugedeckt ziehen lassen. Zucker und Pektin vermischen und mit der Chili-Wasser-Mischung verrühren. Bei niedriger Temperatur aufkochen und 3 Minuten köcheln lassen, dann vom Herd nehmen.

Zitronensäure hinzugeben und die Mischung in ein kleines Einmachglas füllen. Mindestens 2 Stunden oder über Nacht kühl stellen.

DER HORCHATASCHAUM

Alle Zutaten außer der Sahne in einen Topf geben und aufkochen. Zudecken und bei niedriger Temperatur 20 Minuten köcheln. Die Zimtstange entfernen und die Masse mit dem Pürierstab glatt mixen. Die Masse durch ein feines Sieb streichen, die Sahne unterrühren und vollständig abkühlen lassen. In den Sahnesiphon füllen, zwei Stickstoffkartuschen einlegen und gut schütteln. Kühl stellen.

ANRICHTEN

Mit einem breiten Pinsel die beiseitegestellte Eiscrememasse auf jedem Teller verstreichen. Je 2 Halbkugeln Avocadocreme, 1 Nocke Eiscreme und einige Kleckse Horchataschaum auf die Teller geben. Kleine Tupfer Chilikonfitüre darauf verteilen und mit Reiscrispies bestreuen.

SOMMERDESSERT MIT HOLUNDERBLÜTEN

Für 6 Personen

FÜR DEN HOLUNDERBLÜTENSIRUP
1¼ kg Wasser
250 g feiner Kristallzucker
500 g frische Holunderblüten ohne Stängel
200 g Zitronensaft

FÜR DAS HOLUNDERBLÜTENSORBET
280 g Wasser
75 g Glukosesirup
100 g feiner Kristallzucker
100 g Glukosepulver
9 g Stabilisator für Sorbets
900 g Holunderblütensirup (Rezept oben)

FÜR DAS BEERENKOMPOTT
200 g Erdbeeren, geputzt und halbiert
160 g Himbeeren
120 g Brombeeren
80 g Heidelbeeren
100 g Holunderblütensirup (Rezept oben)
70 g feiner Kristallzucker
Mark von 1 Vanilleschote

FÜR DEN EINWEICHSIRUP
500 g Erdbeeren, geputzt und Stängel entfernt
50 g feiner Kristallzucker

FÜR DEN BRIOCHEBODEN UND DIE WÜRFEL
1 Brioche (Seite 38)
200 g feiner Kristallzucker

Das hier ist eine mehr oder weniger französische Version der Sommernachspeise, mit der ich aufgewachsen bin. Wir haben Brioches in Scheiben geschnitten und mit Beeren, die kurz gekocht wurden, bestrichen. Manchmal gab es nur Vanilleeis dazu, aber im Frühsommer, kurz bevor die Holundersträucher begannen, es Blüten regnen zu lassen, machten wir Holunderblütensorbet. Und das sollten Sie auch probieren.

DER HOLUNDERBLÜTENSIRUP

Wasser und Zucker in einem großen Topf erhitzen, bis es sprudelnd kocht. Die Holunderblüten hinzugeben und 5 Minuten köcheln lassen, dann vom Herd nehmen und zugedeckt 5 Minuten ziehen lassen.

Durch ein feinmaschiges Sieb in eine Schüssel gießen und mit einem Esslöffel rühren, so dass der dickflüssige Sirup durchfließt. Die Holunderblüten entfernen. Den Sirup auf Zimmertemperatur abkühlen lassen, dann Zitronensaft hinzugeben. Bis zum Gebrauch kühl stellen.

DAS HOLUNDERBLÜTENSORBET

Wasser und Glukosesirup in einem großen Topf bei mittlerer Temperatur auf 45 °C erwärmen. Zucker, Glukosepulver und Stabilisator in einer Schüssel vermischen und in das Wasser einrühren. Erhitzen, bis die Mischung sprudelnd kocht, dann vom Herd nehmen, Holunderblütensirup hinzugeben und gut verrühren. Mindestens 4 Stunden oder über Nacht kühl stellen.

In der Eismaschine nach Anleitung gefrieren. Das Sorbet in einem Plastikbehälter für einige Stunden bis zum Servieren tiefkühlen.

DAS BEERENKOMPOTT

Alle Zutaten in einem Topf bei niedriger Temperatur aufkochen und 2–3 Minuten köcheln lassen.

Auf Zimmertemperatur abkühlen lassen, dann durch ein feines Sieb gießen (nur abgießen, nicht streichen). Die Beeren in einer Schüssel kühl stellen. Den Beerensaft für den Einweichsirup beiseitestellen.

DER EINWEICHSIRUP

Die Erdbeeren mit Zucker in einer großen Schüssel über köchelndem Wasser bei niedriger Temperatur etwa 1 Stunde garen, dabei gelegentlich rühren. In ein mit Musselin ausgelegtes Sieb gießen und abtropfen lassen (nicht durchstreichen). Die Erdbeeren entfernen.

In einer großen Schüssel 150 g Beerensaft vom Kompott und den Sirup verrühren und abkühlen lassen.

DER BRIOCHEBODEN

Mit einem Wellenschliffmesser vorsichtig die Rinde von einem Laib Brioche abschneiden und in Streifen von 6 x 2 cm schneiden. Die restliche Brioche in 2 cm große Würfel schneiden (Sie benötigen 18 Würfel).

Etwa 20 Minuten vor dem Servieren die Briochestreifen in den Einweichsirup legen. Alle paar Minuten wenden, damit sie den Sirup gleichmäßig aufnehmen.

Inzwischen die Briochewürfel portionsweise zubereiten, nicht zu viele gleichzeitig in die Pfanne geben, damit sie nicht aneinanderkleben. Jeweils einige Esslöffel Zucker in einer Pfanne karamellisieren lassen. Ein paar Briochewürfel darin unter Wenden garen, so dass die Würfel gleichmäßig mit Karamell bedeckt sind. Ein Backblech mit Backpapier auslegen, die fertigen Würfel darauflegen. Mit den restlichen Briochewürfeln wiederholen.

ZUM SERVIEREN

Auf jeden Dessertteller 1 Streifen Brioche legen. Vorsichtig etwas Beerenkompott darauf verteilen und je 3 karamellisierte Briochewürfel darauflegen. Mit je 1 Nocke Holunderblütensorbet abschließen.

FLAN PÂTISSIER MIT SALZKARAMELL & MILCHSCHOKOLADE

Für 10–12 Personen

300 g Blätterteig (Seite 150)

FÜR DIE SCHOKOLADENFÜLLUNG
200 g feiner Kristallzucker
850 g Vollmilch
1 TL Meersalz
4 Eier
60 g Speisestärke
150 g Zartbitterschokolade (70 % Kakao), gehackt
50 g Milchschokolade (40 % Kakao), gehackt

ZUM ANRICHTEN
Kakaopulver zum Bestreuen

Ausflüge zur Boulangerie führten früher fast immer zu einem Stück Flan pâtissier. Mit einer goldbraunen, fast angebrannten Kruste und einer geschmeidigen, unfassbar goldgelben Creme. Hier habe ich meiner Sandkastenliebe noch weitere Lieblingsaromen hinzugefügt: Salzkaramell und Milchschokolade.

Wenn Sie schon fertig vorbereiteten Blätterteig im Tiefkühlgerät haben, ist es besonders einfach. Sie brauchen im Grunde nur eine Crème pâtissière, bei der der Zucker karamellisiert und dann über die Schokolade gegossen wird.

Fertiger Blätterteig aus dem Supermarkt eignet sich natürlich auch, ebenso Mürbeteig, wie man ihn in Frankreich in jeder Boulangerie ums Eck finden kann.

Wichtig ist nur, dass diese Crème pâtissière nach ihrer Zubereitung noch gute 10 Minuten gerührt werden muss –

Eine Tarteform (24 cm Durchmesser) großzügig buttern.

Den Blätterteig auf einer reichlich bemehlten Arbeitsfläche zu einem Kreis von 28 cm Durchmesser ausrollen. Er sollte etwa 5 mm dick sein. Den Kreis vorsichtig heben und die Form damit auskleiden. Anschließend 1 Stunde tiefkühlen (der Teig hält tiefgekühlt bis zu 1 Monat).

Den Backofen auf 180 °C vorheizen. Den Teigboden mit einem Stück Backpapier bedecken und mit einer dicken Schicht Backlinsen oder getrockneten Bohnen beschweren. Im Ofen 20–30 Minuten blindbacken, bis er an den Rändern bräunt.

Inzwischen für die Crème pâtissière den Zucker in einem großen Topf bei niedriger Temperatur schmelzen, bis eine tiefbraune Karamellmasse entsteht. Gleichzeitig in einem mittelgroßen Topf die Milch mit Salz zum Kochen bringen. Die fertige Karamellmasse vom Herd nehmen und nach und nach die heiße Milch unterrühren.

Die Karamellmasse bei mittlerer Temperatur unter Rühren mit dem Schneebesen aufkochen, um etwaige Karamellklumpen aufzulösen.

In einer Schüssel die Eier mit Speisestärke glatt rühren. Die kochend heiße Karamellmilch darübergießen und gut unterrühren. Alles zurück in den Topf geben und bei mittlerer Temperatur unter Rühren zum Kochen bringen.

um abzukühlen, aber auch, um geschmeidiger und luftiger zu werden. Ich wähle meist die einfache Variante und stelle die Küchenmaschine auf höchste Stufe. Aber auch mit dem Handrührgerät geht es problemlos. Oder, wenn Sie es sportlich wollen, mit einem Kochlöffel aus Holz. Habe ich auch schon gemacht!

Die gehackte Schokolade in eine große Schüssel geben. Die Karamellmasse über die Schokolade gießen und entweder in der Küchenmaschine mit dem Flachrührer oder Rührbesen oder mit dem Handrührgerät etwa 10 Minuten gut vermengen, bis die Masse fast abgekühlt ist.

Reis oder Bohnen und Backpapier vom vorgebackenen Teigboden entfernen. Die Crème pâtissière auf dem Teigboden verstreichen und bei 180 °C 45 Minuten backen, bis sich Blasen bilden und die Crème an der Oberfläche stellenweise bräunt.

Vollständig abkühlen lassen, dann aus der Form nehmen, mit Kakaopulver bestreuen, in Stücke schneiden und servieren.

BLÄTTERTEIG (GRUNDREZEPT)

Ergibt etwa 1 kg Teig

FÜR DEN GRUNDTEIG
350 g Mehl (Type 550)
150 g Wasser
110 g Butter, geschmolzen
1 TL Meersalz

FÜR DIE BUTTERPLATTE
310 g Butter
150 g Mehl (Type 550)

Es gibt wenig, das mehr Mut erfordert, als der erste selbst gemachte Blätterteig.

Mir ging es auch so, aber nach Rollen, Rollen und wieder Rollen dachte ich mir, es ist halb so schlimm … wenn man etwas Geduld hat.

Blätterteig zählt zu den Rezepten, die mehr Ruhezeit als Aufwand benötigen. Also eine Aufgabe, die Liebe und Zeit erfordert. Und dazu einiges an Mehl.

Man beginnt mit einem einfachen Grundteig aus Mehl, Butter und Wasser, mit der üblichen Prise Salz. Der Grundteig kommt in den Kühlschrank, damit er fest wird – für einige Stunden oder sogar Tage.

Dann verknetet man Butter mit Mehl – die Butterplatte ist einfacher zu verarbeiten als ein harter Butterziegel.

Und zum Schluss die Magie: Die Butterplatte kommt auf den Grundteig und es beginnt der sanfte, beruhigende Rhythmus von Ausrollen und Einschlagen. Vertrauen Sie mir, so funktioniert es.

Zunächst für den Grundteig Mehl in eine große Schüssel geben. In einem Krug oder einem hohen Behälter Wasser mit geschmolzener Butter und Salz verrühren. Die Wassermischung über das Mehl gießen und dabei mit einem Kochlöffel aus Holz gut rühren. Der Teig sollte weich, aber nicht klebrig sein. Den Teig auf ein Stück Frischhaltefolie legen und mit den Handflächen rasch zu einem etwa 30 x 20 cm großen und 6 mm dicken Rechteck formen. Mit Frischhaltefolie umwickeln und mindestens 2 Stunden kühl stellen.

Dann wird es Zeit für die Butterplatte. Dazu einfach die Butter einige Minuten schaumig rühren. Mehl hinzufügen und kurz vermischen. Die weiche Masse auf ein Stück Frischhaltefolie legen und ein Rechteck formen, das etwa halb so groß wie der Grundteig ist – rasch arbeiten, damit die Butter nicht schmilzt. Mit Frischhaltefolie umwickeln und mindestens 1 Stunde kühlen.

Nach der Kühlzeit die Arbeitsfläche mit ein wenig Mehl bestäuben. Das Teigrechteck der Breite nach hinlegen und auf die rechte Seite die Butterplatte auflegen. Die linke Teighälfte darüberklappen. Das Ergebnis sollte so ähnlich aussehen wie ein Buch.

Mit dem Nudelholz den Teig ein paar Mal leicht eindrücken, dies macht das Ausrollen leichter und gleichmäßiger. Dann von der Mitte nach oben und von der Mitte nach unten ausrollen, bis der Teig dünner als 1 cm ist. Er sollte eine Größe von etwa 40 x 20 cm haben.

Der nächste Schritt heißt Tourieren – durch mehrmaliges Falten und Ausrollen entstehen viele dünne Teig-Butter-Schichten. Bei der sogenannten doppelten Tour, wie ich sie mache, werden vier Lagen gebildet.

Zunächst überschüssiges Mehl abbürsten und die Ränder so zuschneiden, dass ein Rechteck mit geraden Seiten entsteht.

Die Teigenden zur Mitte hin einschlagen. Ich nenne dies „das offene Buch".

Dann das „Buch" schließen und in Frischhaltefolie wickeln. Mindestens für 2 Stunden kühl stellen.

Dann folgt die zweite Tour.

Das Teig-Buch mit dem „Buchrücken" nach links auf die Arbeitsfläche legen. Dann nochmals wie oben ausrollen und falten. Anschließend wieder mindestens 2 Stunden kühl stellen.

Für die letzte Tour das „Buch" mit dem Rücken nach links auf die Arbeitsfläche legen und auf ein Rechteck, das etwas größer als A4-Papier ist, ausrollen. Überschüssiges Mehl abklopfen und den Teig zweimal (wie einen Brief) falten, so dass drei Lagen entstehen.

Mit einem scharfen Messer in drei gleich große Portionen teilen und jeweils gut mit Frischhaltefolie umwickeln. Der Blätterteig hält tiefgefroren bis zu 1 Monat oder einige Tage im Kühlschrank.

EINE CARTOUCHE HERSTELLEN

EINE CARTOUCHE IST EIN RUNDES STÜCK BACKPAPIER MIT EINEM KLEINEN LOCH IN DER MITTE. ES DIENT ALS DECKEL BEIM POCHIEREN VON FRÜCHTEN UND SOLL DIESE IN DER FLÜSSIGKEIT HALTEN.

EIN QUADRATISCHES STÜCK BACKPAPIER FALTEN, DASS EIN DREIECK ENTSTEHT. EIN PAARMAL SEITE AUF SEITE ZUSAMMENLEGEN, BIS EIN KEIL ENTSTEHT. DIE SPITZE DES KEILS IN DIE MITTE DES TOPFS HALTEN UND DAS PAPIER AM TOPFRAND ABSCHNEIDEN. DIE SPITZE ABSCHNEIDEN, SO DASS EIN KLEINES LOCH ENTSTEHT.

DAS PAPIER AUSEINANDERFALTEN, UND SIE HABEN EINEN KREIS MIT DEM DURCHMESSER DES TOPFS UND EINEM LOCH IN DER MITTE.

EINEN SPRITZBEUTEL FÜLLEN

SPRITZBEUTEL SIND EIN MUSS FÜR BÄCKER. OHNE SIE GEHT ES NICHT.
WIE SCHON GESAGT, VERWENDE ICH GERNE EINMAL-SPRITZBEUTEL, WEIL DAS DIE SACHE UNGEMEIN ERLEICHTERT. GUT, DAS FÜLLEN VIELLEICHT NICHT, JEDENFALLS NICHT, WENN MAN ES NICHT GEWOHNT IST.
LEICHTER WIRD ES, WENN SIE DIESE SCHRITTE BEACHTEN:

1. NIE DIE SPITZE VOM SPRITZBEUTEL ABSCHNEIDEN, BEVOR MAN IHN FÜLLT (WENN SIE NACHFÜLLEN, EINFACH DIE SPITZE EINDREHEN UND IN DIE TÜLLE STECKEN, DAMIT NICHTS DANEBENGEHT).
2. SPRITZBEUTEL IN DIE LINKE HAND NEHMEN UND DAS OFFENE ENDE ÜBER DIE HAND LEGEN.
3. DIE MASSE IN DEN BEUTEL STREICHEN, ABER NICHT ZU VOLL FÜLLEN, AM BESTEN ZWEI DRITTEL VOLL.
4. DAS OBERE ENDE EINDREHEN, DAMIT KEIN TEIG AUSTRITT, UND UM DEN RECHTEN DAUMEN ROLLEN.
5. MIT DER LINKEN HAND NUR FÜHREN UND MIT DER RECHTEN DEN DRUCK AUSÜBEN.

DANKSAGUNG

Mein Dank gilt meiner *grand-mère* Odette, meinem *grand-père* René, meiner Urgroßmutter *mémé* und meinen Eltern: für alles, was sie mir beigebracht haben, ob bewusst oder nicht. *Je vous aime!* Und Aïda, meiner kleinen Schwester, der strengsten Restaurantkritikerin auf der Welt.

Danke an Helen und April, dank euch war das Fotoshooting ein Traum! Danke auch an meine Kollegen und Freunde in der Brasserie Chavot für ihre Unterstützung. Ihr wart buchstäblich Tag und Nacht für mich da! Dank an Charlotte für das wunderschöne Layout. Und das Allerwichtigste: Endlosen Dank und *merci* dem tollen Team bei Hardie Grant, allen voran an Kate.

DIE AUTORIN

Fanny Zanotti wuchs in Südfrankreich auf. Als Kind ließ sie am Strand Drachen steigen, saß am Küchentisch und sah ihrer *grand-mère* beim Kuchenbacken zu, sie unternahm Ausflüge mit dem Rad und verliebte sich. Sie molk Ziegen und machte Käse, sie reiste um die Welt und backte Kuchen. Sie absolvierte eine Ausbildung zur Produktentwicklerin, danach eine zur Konditorin. Seither hat sie mit niemand Geringerem als Pierre Hermé, Heston Blumenthal und Ben Spalding gearbeitet. Heute lebt sie in London und arbeitet in der Brasserie Chavot.

Fanny führt ein kleines schwarzes Notizbuch und fotografiert. Unter **likeastrawberrymilk.com** betreibt sie einen erfolgreichen Food-Blog. Sie glaubt an Magie, an Wünsche und natürlich ans Backen.

Kursive Seitenzahlen verweisen auf Fotos.

Titel der Originalausgabe: *Paris Pastry Club*
Erschienen bei Hardie Grant, London 2014

Deutsche Erstausgabe

Ein Unternehmen der La Martinière Groupe

Umschlaggestaltung: Leonore Höfer, Knesebeck Verlag
Produktion: Print Company Verlagsges.m.b.H.
Übersetzung : Susanne Müller
Druck: 1010 Printing International Limited
Printed in China

ISBN 978-3-86873-740-0

www.knesebeck-verlag.de